名画が描く
罪深き旧約聖書

望月麻美子・三浦たまみ

ビジュアルだいわ文庫

大和書房

はじめに――旧約聖書は名画の宝庫

美術館で名画を鑑賞すると、宗教画が展示されていることがあります。

このとき「聖書の内容がもう少し分かれば、もっと面白いだろうな……」と思ったことはありませんか？

本書は、名画の中でも旧約聖書を題材にしている名画のみを紹介しています。

例えば、ヴァチカン宮殿にあるシスティーナ礼拝堂の天井画に描かれたミケランジェロの《アダムの創造》（Ｐ41）。

これは旧約聖書では、一番はじめに出てくる『創世記』という文書に記されています。神が一番はじめにつくった人間・アダムとイヴの話はご存知ですよね。この絵は、「神が土でアダムをつくり、命を吹き込んだ」という一文を描いているのです。

それから、ブリューゲルの《バベルの塔》（Ｐ63）。

これも旧約聖書の『創世記』に記されている伝説の塔のイメージを膨らませて描かれたものです。

神は、人間が天にも届くほどのバベルの塔を築きはじめたのを見て、そのおごった態度に怒り、人々の共通の言語を通じないようにさせて塔の建設を中止させます。《バベルの塔》は、塔の形や内部まで細密に描かれ、人物や風景描写も秀でているゆえ、ブリューゲルの傑作と言われています。

また、一度観たら、その生々しい描写が忘れられないカラヴァッジョの《ゴリアテの首を持つダヴィデ》（P163）も、旧約聖書が題材です。こちらは、『サムエル記』という文書に収められた話です。

古代イスラエルの2代目の王ダヴィデが、王になる前にゴリアテを倒した話があります。イスラエル軍が敵軍に戦いを挑もうとしたとき、突然、敵軍から身長3メートル近くもある〝怪物〟が登場し、イスラエル軍の誰か1人と1対1の対決を申し出るのです。ダヴィデは怪物にひるまず、軽装のままヒモにくくりつけた石ひとつだけで果敢に立ち向かい、見事に倒して相手の首を切り落とします。その場面を描いた絵画です。

旧約聖書に魅せられた画家たち

ところで日本人にもファンの多いシャガールは、聖書を愛した人物としても知られていますが、フランス・ニースにある国立マルク・シャガール美術館に行くと、彼が天地創造、楽園追放、ノアの箱舟、アブラハムの話など、旧約聖書に登場する数々の〝名シーン〟の絵を描いていたことが分かります。絵を辿っていけば旧約聖書の流れがだいたいが分かるようになっているのです。

本書ではシャガールの他、私たちがよく知っているクリムト、ゴーギャン、レンブラント他、たくさんの著名な画家の名画を紹介していますが、それほど多くの画家が旧約聖書を題材に名画を残していることになります。

なぜこうも歴代画家たちは、旧約聖書に魅せられたのでしょうか。

もちろん、国の〝トップ〟に命じられて描かれた絵もあります。

先に述べたミケランジェロ作のシスティーナ礼拝堂の天井画は、当時の教皇・ユリウス2世の命で描いたものです。政治的に見ると、旧約聖書は統制を図るためのシンボルとして〝便利〟な存在です。

しかし、それだけが旧約聖書を題材に絵を描いた理由ではないはずです。

もっと単純に、「そもそも旧約聖書の話自体が面白いから」というのも、実は創作意欲をかき立てる大きな理由のひとつだったのではないかと思います。

旧約聖書はとにかく展開がスピーディーで、かつ、いろんな事件が随所にちりばめられています。

詳しくは22ページからの聖書解説に譲りますが、ほんの一例を挙げるだけでも、誰もが知っているアダムとイヴは食べるなと言われた知恵の木の実を食べて楽園から追い出されてしまうし、彼らの子どもは兄弟を殺してしまいます。ソドムとゴモラという男色専門の街が出てくる。実の息子を生贄にしようとするなど、センセーショナルな展開が待ち受けています。

神も、人類を創造しておきながら、例えばノアの箱舟に登場するノアとその家族だけを助けてあとの人々は見殺しにするなど、公平性に欠けると思われるような言動が目立つシーンもたびたび登場します。

こんなに面白いエッセンスがたっぷり詰まった旧約聖書を、画家が見逃すはずがありません。おおいにインスピレーションを受け、創作意欲に任せるまま描いたものも多数あると思います。

本書は、旧約聖書に出てくる名画92点をフルカラーでお伝えしていきます。ぜひ、名画とそれにまつわる旧約聖書のストーリーの斬新さ、面白さを知ってください！

絵画で見る旧約聖書　目次

名画で見る

第2章 『出エジプト記』『ヨシュア記』モーセ登場、エジプトからの脱出　96

名画で見る

第3章『士師記』各地に現れた賢い指導者たち　128

見る

名画で

第4章 『サムエル記』『列王記』 王たちの活躍 146

第6章『エステル記』と「知恵の文学」 226

名画で見る

Column

旧約聖書とは

あらゆるドラマに満ちた旧約聖書

聖書には、旧約聖書と新約聖書があります。

旧約聖書はユダヤ教の世界で成立しました。39巻の文書から成り立っていますが、もとは伝承文学なので作者は不詳で制作年代もまちまちです。特定の人が書き上げた長編小説のような性質の物語ではないので、一貫性がありません。

旧約聖書は紀元前10世紀～2世紀までの間に書かれた書物を集めています。その後、ユダヤ教の正典として確立しました。

神による世界のはじまり（天地創造）、人類のはじまり（アダムとイヴ）など神話的な内容からスタートする話は、その後、古代のイスラエル民族（ユダヤ民族）の歴史について語られていきます。舞台になっているのは、現在のパレスチナあたりです。

ちなみにキリスト教の聖書は、それまであったこのユダヤ教の聖書を引き継いでキリスト教独自の文書を加えたもの。もともとある「旧《ふる》い聖書」に対して、「新しい聖書」

なので「新約聖書」と呼びました。

ですから、ユダヤ教徒にとっては〝古い〟も〝新しい〟もありません。あくまでも「聖書」はただ一つの存在です。でも便宜上、「旧約聖書」と区別して呼ばれているわけです。

ところで、イスラム教も旧約聖書の物語を受け継いでいます。

つまり、ユダヤ教もキリスト教もイスラム教も、もとを辿れば旧約聖書の思想が基礎になっています。すなわち、天地創造の神を信じ、人類の祖はアダムとイブなのです。

弱小民族を支えた旧約聖書

古代イスラエル民族は、アッシリアとバビロニア、エジプトなどの周辺大国に攻められて迫害され続けた歴史があります。

紀元前11世紀頃にイスラエル王国が成立するものの、紀元前926年頃に南北に分断されてしまいます。結局、北イスラエルはアッシリア帝国によって、南のユダ王国はバビロニアによって滅ぼされます。

紀元前1世紀頃にはローマ帝国の属州としてユダヤ属州が存在しましたが、紀元後70

年、独立戦争を起こした結果、すぐにローマ帝国に鎮圧され、ユダヤ人は国を追われて世界に散らばることになりました。

以後、1948年にイスラエルが建国されるまで、1900年もの間、苦難の歴史が続くのです。

そんなイスラエル民族にとって心の拠り所になっていたもの。それが旧約聖書でした。

最も重要な書物とされる「律法の書」

全39巻ある旧約聖書は、その分類方法は専門家によって異なりますが、おおよそ「律法の書」「歴史書」「詩書」「預言書」の4つに分類できます（イラスト参照）。

このうち、最も中心的位置を占めるのが「律法の書」です。まとめられたのは、紀元前5世紀頃、4つのうち、最初に完成しました。

「律法の書」は、**『創世記』『出エジプト記』『レビ記』『民数記』『申命記』**の5巻から成り、**モーセ五書**とも呼ばれています。このモーセ五書は旧約聖書の中でも最も重要な書物とされ、巻物にしてシナゴーグ（ユダヤ教の教会）に大切に保管されています。

旧約聖書とは？

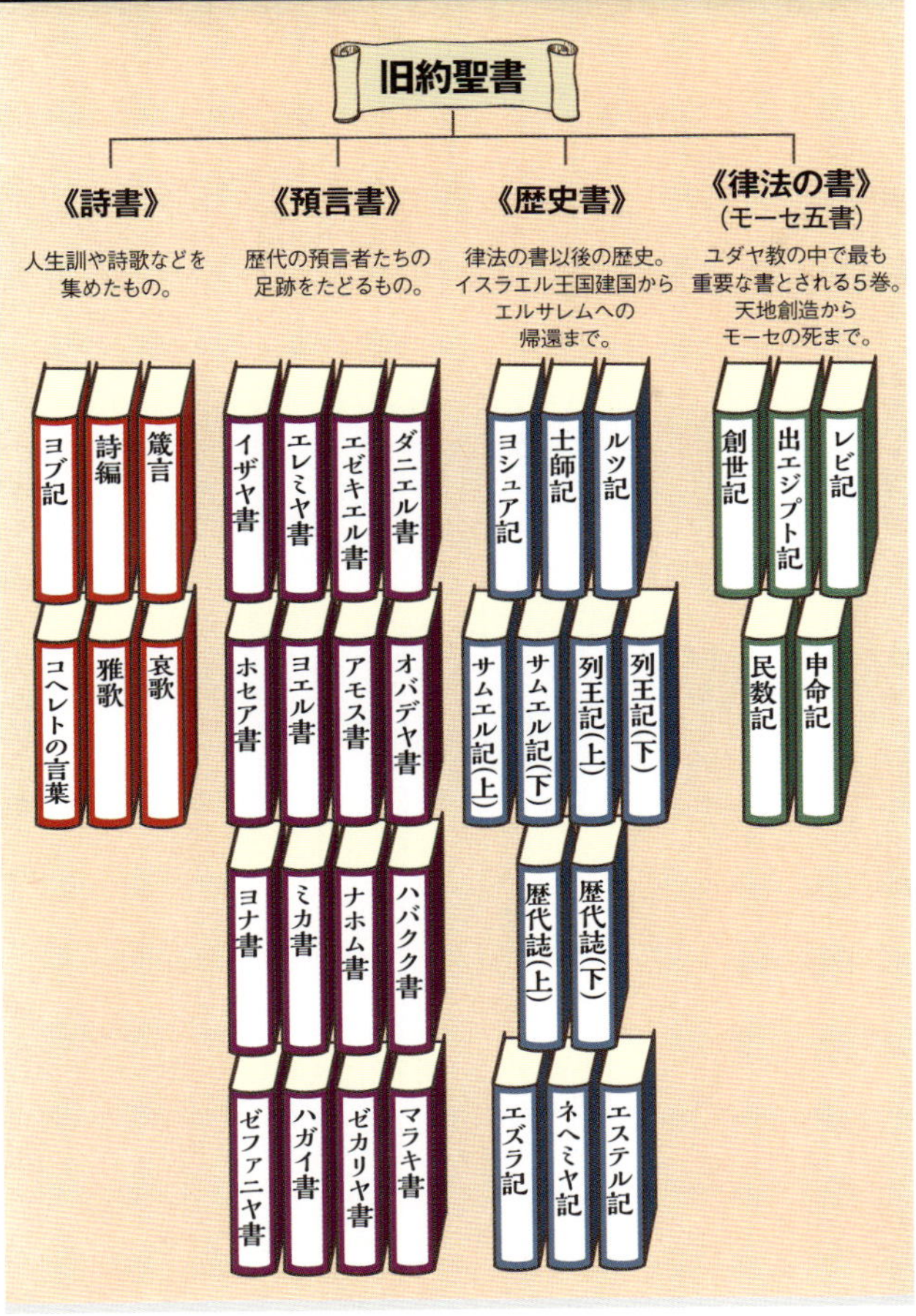
旧約聖書
《詩書》
人生訓や詩歌などを集めたもの。
ヨブ記
詩編
箴言
コヘレトの言葉
雅歌
哀歌
《預言書》
歴代の預言者たちの足跡をたどるもの。
イザヤ書
エレミヤ書
エゼキエル書
ダニエル書
ホセア書
ヨエル書
アモス書
オバデヤ書
ヨナ書
ミカ書
ナホム書
ハバクク書
ゼファニヤ書
ハガイ書
ゼカリヤ書
マラキ書
《歴史書》
律法の書以後の歴史。イスラエル王国建国からエルサレムへの帰還まで。
ヨシュア記
士師記
ルツ記
サムエル記(上)
サムエル記(下)
列王記(上)
列王記(下)
歴代誌(上)
歴代誌(下)
エズラ記
ネヘミヤ記
エステル記
《律法の書》
(モーセ五書)
ユダヤ教の中で最も重要な書とされる5巻。天地創造からモーセの死まで。
創世記
出エジプト記
レビ記
民数記
申命記

モーセ五書の簡単な内容は次の通りです。天地創造からモーセの死までが記されています。

■『創世記』

世界のはじまり、いわゆる天地創造の話から物語はスタートします。

次いで人類のはじまり、アダムとイヴの話が続きます。

その後、アダムとイヴが楽園を追放される話、彼らの息子カインとアベルの話、大洪水が起きるノアの箱舟の話、天まで届くバベルの塔を建設する話へと続きます。

■『出エジプト記』

エジプトで奴隷になっていた非エジプト人の集団が、指導者モーセのもとエジプトから脱出し、イスラエル民族（ユダヤ民族）という集団が誕生する物語が記されています。

話の中で極めて重要とされるのが、モーセが神から十戒を授かるシーンです。

イスラエル民族は、この戒めを守ることで神からの恩恵を受ける民族になったと言われています。

■『レビ記』

律法の細かな規則が記されています。主への捧げ物に関する規定をはじめ祭司のための規定集などで構成されています。祭りをとりしきっていたのはレビ族なので、彼らの名が本書のタイトルになったと言われています。

■『民数記』

エジプトから脱出したイスラエルの民が、シナイ山から40年かけて荒野の旅を続け、カナン（神がアブラハムの子孫に与えると約束した地）に定住するまでの物語です。

■『申命記』

カナンを占領するにあたって、モーセがイスラエルへの遺言的なメッセージを遺したことが記録されています。

早わかり「歴史書」「詩書」「預言書」

今お伝えしてきた「律法の書」（モーセの五書）以外の「歴史書」「詩書」「預言書」がどんな内容かについても簡単に触れておきます。

「歴史書」は、モーセの死後から約８００年に及ぶイスラエルの歴史が記されています。カナンの地に定住してからイスラエルの民が王国をつくり、その後、ダヴィデやソロモンの時代に黄金時代を迎える話などが記されています。

「**詩書**」は、いわゆる人生哲学を説いた書物です。

この中で注目したいのは、詩編です。150編もの歌がおさめられていますが、その内容は、お祭りの歌、王様の詩などの他、男女の愛を歌った詩編もあります。人生の普遍的なテーマを扱った書物なので、親近感が湧きます。

「**預言書**」は、前半は歴史が語られ、後半は紀元前8世紀から紀元前5世紀ぐらいまでに登場した、歴代の預言者の言葉を集めた書物で構成されています。中でもイザヤ、エレミヤ、エゼキエルの三者は特に重要な預言者として位置づけられているため、『イザヤ書』『エレミヤ書』『エゼキエル書』は3大預言書と呼ばれています。

話の展開がスピーディーで面白い！

ここまで旧約聖書の概要についてお伝えしましたが、「聖書だから」と硬く構える必要はありません。

旧約聖書は話の筋書きがドラマ性に満ちていて、かつダイナミックに展開していくので宗教にさして関心のない人でも十分に楽しめるからです。

私たちもよく知っている、アダムとイヴが楽園から追放される話もそうですよね。あれほど神に知恵の木の実だけは「食べるな」と言われていたのに、ヘビにそそのかされてつい食べてしまうのです。

その後、彼らは2人の兄弟を授かりますが、兄は弟に激しい嫉妬心を抱いて、あろうことか殺してしまうのです。

「ノアの箱舟」も有名です。神に認められたノアだけが、箱舟のつくり方を教わり、自分の家族と動物たちを避難させて生き延びることができた話です。ところがこれには後日談があり、ノアは農業に従事してぶどうをつくるうち、そこからとれるぶどう酒の味を覚え、酒びたりの日々を送ることになるのです。

栄光から転落へ。あるいは反対に、どん底から栄光へ。聖書にはこうしたセンセーショナルな描写がたくさん出てきて飽きさせません。

他にも、兄弟を奴隷に売ってしまう裏切りや陰謀の話、実の娘2人が父をそそのかして一夜をともにする近親相姦の話、不倫を迫られたり迫ったり……と、あっと驚く展開が次から次へと待ち受けるのです。

物語として面白いシーンを、感性豊かな画家はこぞって描きました。ゆえに旧約聖書は、それにまつわる名画が多数残されています。さっそく見ていきましょう。

第1章
『創世記』すべてのはじまり

すべてはここからはじまった

『創世記』は、旧約聖書のはじめの巻です。

この世のはじめ、人類のはじめ、神と人間関係のはじめ、罪、堕落のはじめなど、様々な「はじまり」が記されています。なかでも重要なのが天地創造と、神の民・アブラハムの話です。

聖書は、第一声で**「はじめに神は天と地をつくった」**と断言してから話を展開します。その後、天地創造、楽園追放、カインとアベル、ノアの箱舟、バベルの塔など私たちにも馴染みのある創世記時代の話が続きます。

12章からは、イスラエル民族の祖となるアブラハムの話がスタートします。以後アブラハムの子イサク、イサクの子エサウとヤコブ、ヤコブの子ヨセフの話などが展開します。

登場人物

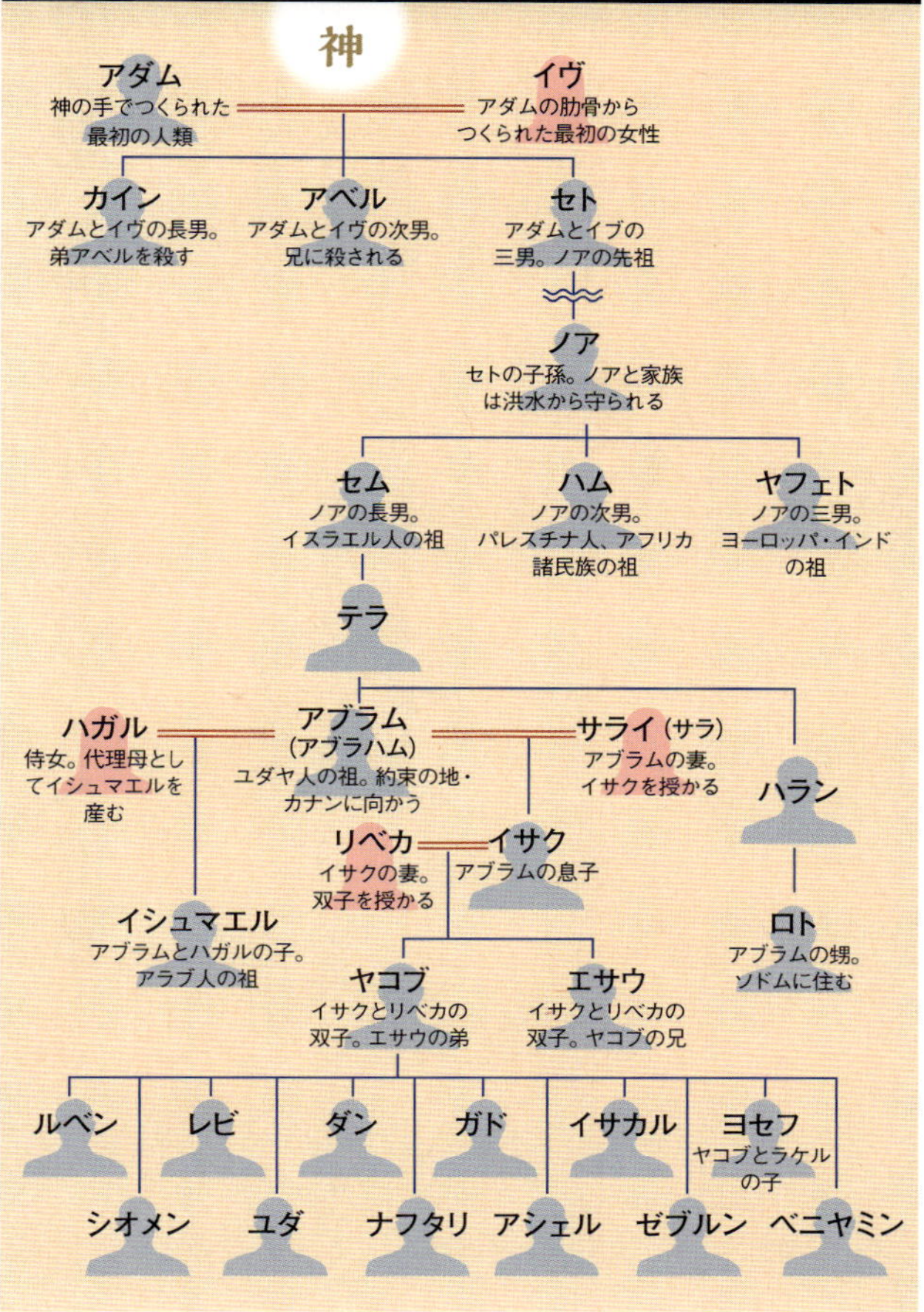
神
アダム
神の手でつくられた最初の人類
イヴ
アダムの肋骨からつくられた最初の女性
カイン
アダムとイヴの長男。弟アベルを殺す
アベル
アダムとイヴの次男。兄に殺される
セト
アダムとイブの三男。ノアの先祖
ノア
セトの子孫。ノアと家族は洪水から守られる
セム
ノアの長男。イスラエル人の祖
ハム
ノアの次男。パレスチナ人、アフリカ諸民族の祖
ヤフェト
ノアの三男。ヨーロッパ・インドの祖
テラ
ハガル
侍女。代理母としてイシュマエルを産む
アブラム（アブラハム）
ユダヤ人の祖。約束の地・カナンに向かう
サライ（サラ）
アブラムの妻。イサクを授かる
ハラン
リベカ
イサクの妻。双子を授かる
イサク
アブラムの息子
イシュマエル
アブラムとハガルの子。アラブ人の祖
ロト
アブラムの甥。ソドムに住む
ヤコブ
イサクとリベカの双子。エサウの弟
エサウ
イサクとリベカの双子。ヤコブの兄
ルベン
レビ
ダン
ガド
イサカル
ヨセフ
ヤコブとラケルの子
シオメン
ユダ
ナフタリ
アシェル
ゼブルン
ベニヤミン

創世記　神が7日間でつくった世界

いったい人間は、どのように誕生したのでしょうか。

旧約聖書の答えは、「神によって創造された」です。旧約聖書は、神が万物をつくり出したと高らかに宣言する「天地創造」で幕を開けるのです。

1日目は、光が生まれるところからスタートです。

その描写は次のようになっています。

「はじめに、神は天と地をつくった。地は見えるものでも形あるものでもなく、闇が深淵の上にあり、神の霊が水の上を漂っていた。

神は言った。『光が生まれよ』。すると光が生まれた。

神は光を見た。神は光と闇をはっきりと分けた。神は光を昼と呼び、闇を夜と呼んだ。夕方があり、朝があった」

真っ暗な闇から光が生まれ、まさに世界がはじまったその瞬間がよく描かれていま

画面左には球体の世界をつくり出した神、右には神から楽園を追放されるアダムとイヴというふたつの場面が描かれている。

ジョヴァンニ・デ・パオロ(c1403-1482)
《天地創造と楽園追放》1445年頃
テンペラ、パネル　46.4×52.1cm
メトロポリタン美術館(ニューヨーク)

す。

このあと神は6日間で世界をつくり、7日目に休みます。

6日目にはアダムをつくり、アダムの肋骨からイヴをつくるのですが、彼らの楽園生活は禁断の木の実を食べてしまうことから一変します。

楽園生活とそこからの追放を描いたのが、33ページにあるジョヴァンニ・デ・パオロの《天地創造と楽園追放》です。

左右に分けて、左は神が世界をつくり出した様子を、右はアダムとイヴが知恵の木の実を食べて楽園から追い出される場面が描かれています。

アダムとイヴが楽園にいつまでもいたら、今私たちが住むこの世界は存在しませんでした。そう考えても、楽園追放は重要なシーンのひとつです。

創世記をダイジェストに紹介!

続いて36ページにある楽園を描いたもうひとつの大作《快楽の園》もご覧ください。三連の祭壇画で構成されているこの絵は、左のパネルはエデンの園を示した「地上の楽園」、中央のパネルは性的快楽を表した「快楽の園」、右のパネルは悪魔の群れに拷問を受けるシーンを表現した「地獄」が描かれています。

専門家の間で諸説ありますが、快楽に溺れた人間は地獄に落ちること、あるいは罪を戒めることを示唆しているのではないかと言われています。

三連の祭壇画を閉じると39ページにある天地創造時の地球が描かれています。

弟を殺したうえに、母とまぐわった!?

アダムとイブの罪は、やがて生まれる2人の息子カインとアベルに受け継がれます。兄のカインは嫉妬心から弟アベルを殺してしまいます（P48）。カインは逃亡の旅を続けますが、やがて息子が生まれます。

ここまで聞いて不思議だと思いませんか。人類ははじめアダムとイヴしかいませんでした。ということは、カインは弟を殺したうえに母とまぐわったことになるのでしょうか？　聖書にその詳細は記されていませんが、なにやら創世記から波乱含みの展開と言えます。

その他、創世記は、大洪水から身を守ったノアの箱舟の話（P52）、洪水後のノアの堕落を描いた話（P56）天よりも高いバベルの塔をつくろうとして神の怒りを買う話（P60）、アブラハムの話（P64）へと続きます。次ページからそれぞれの話を詳しく見ていきましょう。

ヒエロニムス・ボス(c1450-1516)
《快楽の園》1505-16年頃
油彩、板　220×389cm
プラド美術館(マドリード)

諸説あるものの、三連の祭壇画には左からエデンの園、人間が持つ原罪(性的快楽)、地獄が描かれているとされる。

天地創造　はじめに、神は天と地をつくった

天地創造は、神の6日間にわたる創造の行為です。

聖書の第一声は「はじめに、神は天と地をつくった」とあります。

神は1日目で光と闇をつくります。光を昼と呼び、闇を夜と呼びました。夕べがあり、朝ができました。

2日目で「水の間に天蓋をつくり、天蓋の上の水と下の水を分けました」とあり、これは水の間に大空をつくり上の水（雨）と下の水（海）とに分けたと解釈されています。

3日目で陸や青草と果実のなる木を、4日目で太陽と月と星を、5日目で水の中の生き物と地上の鳥をつくります。

そして6日目で獣をつくり、いよいよ神の姿に似せた人間（アダムとイブ）をつくります。7日目は安息日として休みました。

それを表したのが、左の絵です。左上には小さな神の姿が、球体内部には植物なのか動物なのか分からない不思議な生物が見えます。本作品は、天地創造の3日目を示した絵と言われています。

神によって創られた世界の全景を描いた作品。ドームのような世界は、中世の人々が思い描いていた様子を表したもの。右上には難破した舟が描かれている。

ヒエロニムス・ボス(c1450-1516)
《楽園の園》(閉じたパネル)
1505-16年頃　220×194cm　油彩、板
プラド美術館(マドリード)

名画で見る

演出された人類誕生の瞬間

《アダムの創造》 ミケランジェロ・ブオナローティ

大きなマントのような布を背に、12人の裸の天使に支えられて飛翔している神。左腕に抱いているのは女性のようにも見えます。これは、イヴではないかという説もありますが定かではありません。この場面を劇的にしているのは、なんといっても、神の右人差し指が弱々しく差し出されたアダムの左手の指と触れ合おうとしている瞬間を描き出した構図です。しかし旧約聖書では、アダムの生命誕生について次のように記述しています。

「神は土の塵で人をつくり、その鼻にいのちの息を吹き込んだ」（『創世記2章7節』）

ミケランジェロは、この記述を完全に無視して、指先の触れ合いから生命の息吹が与えられ、最初の人類が誕生するという場面を創作しました。この大胆な決断が大成功を収めたのは言うまでもありません。風になびく「スピード感と力強さを持つ神」と生まれたばかりの「赤ん坊のようなアダム」という対比の中に描かれた劇的瞬間です。

ミケランジェロ・ブオナローティ(1475-1564) 《アダムの創造》1512年
フレスコ 280×570cm システィーナ礼拝堂(ヴァチカン)

ミケランジェロを崇拝していたティントレットもまたスピード感あふれる神の姿を描いた。生み出されたばかりの魚や鳥たちが神とともに一斉に進みだしている。

ヤコポ・ティントレット(1518-1594) 《動物の創造》
1550-53年 油彩、カンヴァス 151×258cm
アカデミア美術館(ヴェネツィア)

人類誕生　アダムとイヴ

天地創造の6日目——。神は、「さあ、われわれは、われわれの姿に似せて人をつくろう」と言って、土（アダマ）で最初の人間をつくり、その鼻に命の息を吹き入れました。これがアダムです。

エデンには1本の大河が流れ、そこからピション川、ギボーレ川、チグリス川、ユーフラテス川という4本に分かれていました。多くの樹木があり、たわわに実った果実もあります。

神は、このエデンに園を設けてアダムを住まわせます。アダムには、園の果実は自由にとって食べてもいいが、中心にある知恵の木の実だけは食べてはいけないと命じます。

そして神は、「人がひとりでいるのはよくない」と、野を駆け回る獣や、空を飛び回る鳥をつくり、アダムの肋骨を1本抜き取り、その骨から最初の女性、イヴをつくりました。

ある日1匹のヘビが現れ、「木の実を食べれば神のように賢くなる」とイヴをそそのかします。その誘惑に負けて禁断の木の実を食べてしまうイヴ。イヴにすすめられたアダムも木の実を口にしてしまいます。

知恵を身につけたその瞬間、アダムとイヴは裸でいることが恥ずかしくなり、イチジクの葉で身体を隠しました。2人には「恥」の感情と「善悪」の意識が芽生えたのです。

神は2人に問い正したところ、アダムは「イヴにすすめられたから」、イヴは「ヘビにそそのかされたから」と言い訳し、激昂した神は、蛇に生涯地面を這いずり回ることを命じ、アダムとイヴには寿命を与え、さらに男のアダムには労働の苦しみを、女のイ

裸体を恥じながら楽園追放を嘆く表情が印象的。頭上では天使ケルビムが大きな剣で2人を追い払い、門から飛び出す黒い線は神による追放宣告を表す。

マザッチョ(1401-c1428)
《楽園追放》(部分)
1424-27年頃　フレスコ
208×88cm
サンタ・マリア・デル・カルミネ聖堂ブランカッチ礼拝堂
(フィレンツェ)
©Alinari Archives, Florence/amanaimages

ヴには苦しみながら子どもを産む罰を与えます。

そして、エデンの園から追い出したのです。

アダムとイヴから受け継がれたこの罪は原罪と呼ばれ、彼らの子孫であるわたしたち人間は、生まれながらに罪を負っているとされています。

このアダムとイヴの話や、楽園追放をテーマにした名画はたくさんあります。

マザッチョの描くアダムとイヴの表情に注目

楽園から追放されたアダムとイヴの表情がよく分かるのが、マザッチョが描いた『楽

史上最高のエロティシズム画家クリムトは、誰にも描けない最も官能的なイヴを創り出した。恍惚とした表情のアダムが後ろから抱きかかえている。

グスタフ・クリムト(1862-1918)
《アダムとイヴ》1918年
油彩、カンヴァス　166×190cm
ベルヴェデーレ宮殿オーストリア・ギャラリー(ウィーン)

園追放』です。フィレンツェのカルミネ聖堂ブランカッチ礼拝堂で連作した壁画のひとつで、フレスコ画の最高傑作のひとつと言われています。

神から厳しい断罪を受けて両手を顔で覆って悲嘆に暮れるアダムや、絶望に打ちひしがれるイヴの表情がうかがえます。

上部に描かれた天使ケルビムは、右手に持った大きな剣で2人を追い払い、左手では楽園の外の不毛な地を示しています。

クリムトの描くアダムとイヴ

一方、ウィーン分離派最大の巨匠グスタフ・クリムトの最晩年の代表作のひとつと言われるのが、『アダムとイヴ』です。

こちらのイヴの表情は、柔和な表情ながらも自信に満ちあふれているように見えます。女性特有の曲線美を強調した豊満な肉体が艶かしい印象を与えています。イヴの足もとには、男を誘惑し、自身の美しさを強調する花々が見えます。

アダムはイヴと対照的です。イヴに隠れて全体像は見えませんが、顔の表情は暗く沈んでいるかのようです。

名画で見る

《アダムとイヴ》アルブレヒト・デューラー

「アダムとイヴ」は人体表現の格好材料

デューラーは、ルネサンスをドイツに持ち込んだ画家として知られています。ドイツでは職人階級の画家がイタリアでは知識階級の芸術家として扱われていることに衝撃を受け、ドイツ美術の発展に生涯を捧げました。西洋美術史上初の自画像を描いたばかりか、時には自分をキリストに見立ててしまうほどナルシストな面もありましたが、芸術に対する熱意は誰にも負けないほど強いものでした。版画を芸術の域に高め国際的評価を得て、ルネサンス美術の人体と空間の表現技法を後世の画家たちに広めるため研究に力を注ぐ……彼がいなければ北方（ドイツ、オランダ、ベルギー、フランスなどを中心とするヨーロッパ）の美術は発展しなかっただろうとまで言われています。

「アダムとイヴ」という主題は、堂々と裸体画を描けるという意味でも、理想的人体表現を追求していたルネサンスの芸術家たちにとって格好のテーマでした。イタリアでルネサンス様式を学んで帰国したデューラーも、早速このテーマに取り組みます。本作では、9頭身で描かれたアダムとイヴが等身大で描かれています。これがドイツ絵画史上初めて描かれた等身大裸体画というのですから、デューラーの革新的精神がここにも表れていると言えるでしょう。アダムとイヴが左手に持っているのはリンゴ。美術の世界では、原罪の象徴である禁断の果実をリンゴで表現するのが一般的でした。

アルブレヒト・デューラー(1471-1528)
《アダムとイヴ》(2点組)
1507年　油彩、板
209×81cm（アダム）　209×80cm（イヴ）
プラド美術館(マドリード)
©www.bridgemanart.com

人類史上初の殺人
カインとアベル

楽園を追放されたあと、アダムとイヴは、兄のカイン、弟のアベルという2人の息子を授かります。2人は成人し、兄は農耕者、弟は羊飼いとして暮らしていました。

ある日、神への感謝を表す物としてカインは大地から収穫した農作物を、アベルは羊の初子を捧げます。すると神はカインの捧げ物にはまったく興味を示さず、アベルの捧げ物だけを喜んで受け取りました。

カインは弟に激しく嫉妬します。そして、アベルを呼び出すとついに殺害してしまうのです。それを描いているのが、左にあるバルトロメオ・マンフレディの描いた《カインとアベル》。まさに今、殺そうとする瞬間の様子をとらえています。この弟殺しは「人類最初の殺人」と言われ、多くの画家がこれをテーマに名画を残しています。

神はカインの罪を厳しく問い詰め、「お前がこの土地を耕しても作物を生み出さないだろう」と伝えます。カインは神の前から追放されて地上をさまよい、最終的にはエデンの東にあるノドという土地に移り住みました。ただし神は追放したあとも、カインを見放しませんでした。カインが他の者に殺されないように特別な印をつけたり、妻子を授け平和に暮らせるようにしたのです。

カラヴァッジョの影響を受けたカラヴァッジェスキとして知られるマンフレディの作品。闇の中に浮かび上がる殺人の瞬間が凄惨さを物語る。

バルトロメオ・マンフレディ(1582-1622)
《カインとアベル》1610年頃
油彩、カンヴァス　152×115cm
ウィーン美術史美術館(ウィーン)

名画で見る

孤高の天才による奇妙な世界観

《アダムとイヴによって見つけられたアベルの肉体》ウィリアム・ブレイク

頭を抱えながら悲痛な表情でこの場から逃げ去ろうとしているカイン。その逞しすぎる肉体が彼が犯した罪の愚かさを一層際立たせているようにも感じられます。足元には、長方形に美しく掘られた地面。隣にスコップが置いてあることからも、そこが埋葬するためのものであったことが容易に想像できるでしょう。画面奥には、赤い太陽と立ち込める黒い雲が不穏な空気を醸し出す中、アベルの身体の上に身をかがめて嘆くイヴと、逃げる息子をなんともいえない表情で見つめる神のような風貌のアダムがいます。構図、色彩、人物表現……どれをとってもなんとも奇妙で、とても聖書を題材にした作品とは一見して分からない独特な世界観が広がっています。

この絵の作者は、イギリスの画家ウィリアム・ブレイクです。現在では詩人としても画家としても独自の美的様式を極めた孤高の天才として知られ、イギリスにおけるロマン主義の先駆者と言われていますが、その真価が評価されはじめたのは死後半世紀近く

ウィリアム・ブレイク
(1757-1827)
《アダムとイヴによって見つけられたアベルの肉体》1826年頃
テンペラ　33×43cm
テート・ギャラリー(ロンドン)

経ってから。当時は、ロイヤル・アカデミーの権威サー・ジョシュア・レイノルズ（P155）とことごとく対立したこともあり、世間的に認められるどころか奇人として扱われ、貧困のままにその生涯を終えました。正規の美術教育を受けず独学で創作したこともあり、詩人ならではの繊細な感性と豊かな想像力が相まって、どの絵画様式にも属さない幻想的な作品を数多く残しています。

ノアの箱舟　堕落した人類の粛清

アダムとイヴの子孫は増え続け、それにともない殺人や強盗などが横行するようになりました。神は人間の悪行に怒り、地上のすべての生命を一掃しようとします。

唯一の例外は、神が認める唯一の正しい人物のアダムの10代目子孫のノアでした。神はノアにだけ大洪水を起こすことを伝え、そこから身を守る箱舟のつくり方を教えます。ノアは幅20メートル、高さ12メートルのとてつもなく巨大な箱舟を完成させ、自分の家族と動物たちを船に乗せて避難しました。

ほどなく大洪水は起こり、大雨が40日間降り続きます。箱舟に乗ったノアたち以外は溺れて滅びました。40日後、ノアは鳩を放して地上の状態を確認します。一度目は、渇いた場所がないのかすぐに船に戻り、次に放つとオリーブの葉をくわえて戻り、その後放つと水が完全に引いて住む場所が見つかったのか戻りませんでした。

ノアは地上に降りるとまず神に感謝するために祭壇を築きます。そこで家畜を焼き、

熱心なクエーカー教徒だったヒックスは、人類の新たなスタートとして動物と共存する平和的場面を描いた。

エドワード・ヒックス(1780-1849)
《ノアの箱舟》1846年　油彩、カンヴァス
66.8×77.1cm　フィラデルフィア美術館(ペンシルベニア)

神への捧げ物をします。
神はノアの行為を見て自らの行いを反省し、二度と災害で生命を滅ぼさないことをノアに約束しました。このとき、神やノアと交わした契約をユダヤ教やキリスト教では「ノア契約」と呼んでいます。

名画で見る

《大洪水》フランシス・ダンビー
大洪水に飲み込まれた罪深き生命を描く

ヒックスの作品（P53）と見比べると、あまりにも異なる両者。同じ旧約聖書の題材も、描かれ方は時代によって、そして画家によって様々です。「ノアの箱舟」の物語について考えるとき、多くの人は神に選ばれ人類の未来を背負ったノアと動物たちについて思いを馳せるかもしれません。しかし、大洪水に飲み込まれていった罪深き多くの生命を描き出そうとした画家もいました。

この作品に見えるのは、箱舟に乗れなかった全生命を飲み込もうとする激しい荒波の中、神の助けを仰ごうとアララト山に向かう人々や動物たち。よく見てみると、右下には死んでしまった子どもの遺体を前に嘆く天使がいます。これによって「ノアの箱舟」の大洪水だと気づく人もいるかもしれません。画面奥に描かれた箱舟は月明かりに照らされ、穏やかなようにも見えますが、左奥に沈みゆく血のように赤い太陽は場面の恐ろしさを一層際立たせています。ダンビーはイギリスのロマン派を代表する画家。横幅が

フランシス・ダンビー(1793-1861)　《大洪水》1840年
油彩、カンヴァス　284.5×452.1cm　テート・ギャラリー(ロンドン)

4メートルをも超える大画面に描き出された大自然の脅威は、画家の出世作となりました。

描かれているのは、ノアの息子たちの妻。白い鳩がオリーヴの葉をくわえて舟に戻り、大洪水の終わりを知らせた。

ジョン・エヴァレット・ミレイ
(1829-1896)
《箱舟に帰った鳩》1851年
87.6×54.6cm
アシュモリアン美術館(オックスフォード)

大洪水の後

裸で泥酔したノア

洪水後、ノアの態度は洪水前と一変してしまいます。

耕作に従事するようになったノアはぶどうの木を植えますが、そのぶどうでつくった酒により酒浸りの生活に突入してしまうのです。

ある日、ノアが酔いつぶれて自宅で裸で寝ていたところ、3人の息子セム、ハム、ヤフェトのうちハムに見られてしまいます。

ハムは慌てて他の2人に知らせ、彼らは父の裸を見ないように布で隠しました。それを描いているのが左の絵《泥酔するノア》です。

翌日、目覚めたノアは激しく怒り、ハムの息子カナンを呪いセムの奴隷にさせます。

実はこの話、ハムが実父を性的暴行したのではないかとする説があるのです。

その後3人は散らばって人生を歩み、アジア・アフリカ・ヨーロッパの

3大陸の民族のルーツになりました。セムはアラビア半島やメソポタミア北部に移ってイスラエル人・ユダヤ人の祖に、ヤフェトはヨーロッパ・インド人の祖に、ハムはアフリカ、エジプト、シリアに移りアフリカ諸民族の祖になりました。のちに神は、セムの子孫のユダヤ人を人類の代表的民族とします。

横たわるノアの頭の先にはぶどう、画面手前に空のコップが描かれている。これらは、ノアがぶどう酒を飲んで泥酔したことを示している。

ジョヴァンニ・ベリーニ
(c1430-1516)
《泥酔するノア》1515年頃
油彩、カンヴァス
103×157cm
ブザンソン美術館
(ブザンソン、フランス)
©www.bridgemanart.com

名画で見る

《泥酔するノア》グイード・カニャッチ

タブーがかき立てるエロス

聖書の記述によると、ノアが地上で唯一の正しい人間として神から箱舟建造を言い渡されたのは、600歳のとき。多くの絵画ではその通り敬虔なる老人として描かれています。しかし、この作品で描かれているのは、なんともエロティックな若々しい身体。タイトルを見なければ、これがノアであることに気づくことは難しいかもしれません。

近親相姦、さらに男色というタブーを犯すほどハムが欲情をかき立てられた裸体というのは、単なる酔いつぶれた老人であるはずがない……作者はそう思ったのかもしれません。人類誕生から11代目にして起きた英雄の醜態事件も、カニャッチにとってみれば凛々しい裸体美を描く恰好の題材でした。

カニャッチは、後期バロック17世紀イタリアで活躍した画家です。静物画でも才能を発揮しましたが、ルネサンス期に培われた技法をベースにした美しい裸体画で国際的な名声を得ました。晩年には、皇帝レオポルト1世の招きでウィーンの宮廷画家として活

グイード・カニャッチ(1601-1663)
《泥酔するノア》1645年
油彩、カンヴァス　64×81cm
フォルリ市立絵画館(フォルリ、イタリア)

躍。同地で描いた《クレオパトラの自殺》(ウィーン美術史美術館)は、劇的で写実的に描かれた半裸婦像の傑作として知られています。

バベルの塔　神への冒瀆

ノアの3人の子孫は爆発的に増えます。

ハムの子孫ニムロドはシンアル（現在のメソポタミア地方）を治めます。そこでは農業や商業が発達し、建築技術も飛躍的に発展。石ではなく焼成煉瓦で、漆喰ではなく天然のアスファルトで建物を建てるまでになっていました。

やがて彼らは天に届く高い塔を建てて有名になろう、神に頼らない自立した生活を送ろうと考えます。

神は、自分たちの力を過信している人間に腹を立て罰を与えようとしますが、生き物を二度と絶滅させないという「ノア契約」があるため人類を滅ぼすことはできません。

そこで神は、人間の共通の言語を互いに聞き分けられないようにしたのです。

意思の疎通が図れなくなった人間はいさかいが絶えなくなり、塔の建設を中断して各地に散っていきました。この建設途中で頓挫した塔が「バベルの塔」です。

バベルの塔は、ブリューゲルが描いた塔が最も有名です。左にあるのは、14世紀頃に描かれたバベルの塔。迫力がなく、数階建ての小さな塔にしか見えません。それがかえって愛らしく見えます。

当時の創造力で描かれた天に届こうとする塔。この作品から200年ほどたってからブリューゲルの作品が登場した。
14世紀に描かれたバベルの塔

名画で見る

16世紀ネーデルラントを投影したバベルの塔

《バベルの塔》ピーテル・ブリューゲル（父）

バベルの塔は多くの画家によって描かれてきました。しかし、私たちが目にするのは、ほぼブリューゲルの作品といって間違いないでしょう。多くの作家たちがバベルの塔を建設する場面を描いたのに対し、実在するコロッセオをモデルにした不気味な巨大建造物を描き、巧みな構図が本作を世界で最も有名なバベルの塔に押し上げました。

農民画家のブリューゲルがなぜこの主題をとりあげたのでしょうか。16世紀のネーデルラントは、政治的にはスペイン・ハプスブルク家の支持派と独立派、宗教ではカトリックとプロテスタントに分かれ、さらに、様々な母国語を話す人々が混在して暮らしていたのです。バベルの塔は、彼が生きたネーデルラントを象徴していたといえます。

ブリューゲルは政治的そして宗教的信条を、独創的で曖昧な方法によって表すことに長けた教養人だったのです。作品は当時の技術の重要な資料の役割も果たしています。

ピーテル・ブリューゲル(父)(1525/30-1569)《バベルの塔》1563年
油彩、板　114×155cm　ウィーン美術史美術館(ウィーン)　©bpk/amanaimages

制作年も構図もほぼ同じだが、サイズは半分ほど。ウィーンの作品より7階ほど高く、バベルの塔を造らせたニムロド王は登場しない。

ピーテル・ブリューゲル(父)《バベルの塔》1563年
油彩、板　59.9×74.6cm　ボイマンス・ファン・ブーニンゲン美術館(ロッテルダム)

預言者　神に祝福されたアブラハム

旧約聖書では、「創世記」の第12～50章を割いてアブラハム（のちにアブラハムに改名）、イサク、ヤコブの話が続きます。

私の示す地に行きなさい――。

神のこのお告げを受け、ノアの息子セムの子孫にあたるアブラムは、行き先が分からぬまま、その地を目指します。アブラムに同行したのは、妻のサライ（のちにサラに改名）と甥のロトでした。

地図を見てください。アブラム一行は、チグリス・ユーフラテス川の下流にあるウルの街を出発し、ユーフラテス川の上流に位置するハラン（現在のトルコ東部）まで来ると、そこに住みつきました。

その後、カナンのシケムという場所に到着します。「その地」とは、カナンのことだったのです。

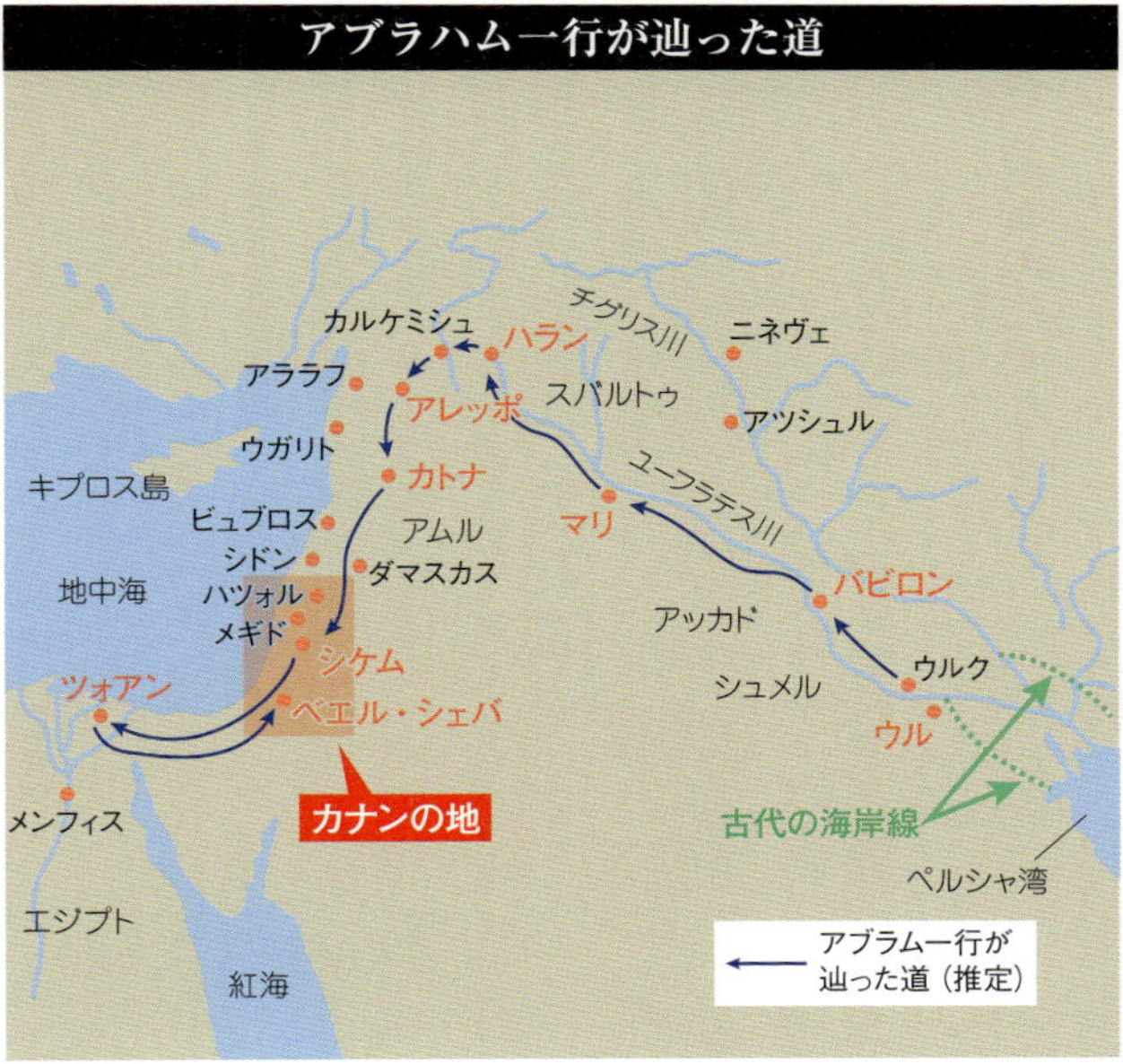

神はアブラムの前に現れ、「アブラムの子孫・イスラエルの民にカナンを与える」と、カナンの地についたら子孫を繁栄させる約束をします。アブラムは、自分に現れた神のために、そこに祭壇を築きました。

このとき、アブラム75歳。老体にムチ打ってカナンを目指します。ところが、アブラム一行が到着してすぐにカナンに日照りと飢饉が襲い、彼らはエジプトに向かいました。

エジプトでも、カナンでも事件は勃発！

エジプトでは、一波乱ありました。

美貌の妻・サライのことがいたるところで話題になり、ついに古代エジプトの君主・ファラオまでその評判を聞きつけてサライに会おうとします。アブラムは生き延びるためにサライに「アブラムの妹だ」と嘘をつかせ、ファラオに差し出します。サライは宮殿に連れ込まれ、ファラオに寝取られてしまいます。

結局、エジプトを追放されたアブラム、サライ、ロトは再びカナンに戻ります。

ここでも、事件は起こります。

家畜の水場や草場をめぐってアブラムとロトの羊飼いたちがケンカを始めるのです。アブラムは、「わたしたちは親類同士だ。お互いの羊飼いの間で争うのはやめよう。おまえはおまえの道を行け」と言い、ロトはヨルダン川流域の緑が豊かな大地に、アブラムは赤い土と起伏の激しい山に、それぞれ別れて別々の道を歩みはじめます。

正妻と側室の仁義なき戦い

カナンに住んで10年。アブラムとサライには子どもができませんでした。サライは侍女のハガルを代理母にする提案をします。そのシーンを表現しているのが69ページの絵です。裸のアブラムは衰えが顕著です。侍女のエジプト人・ハガルは左の乳房があらわに出て艶めかしい雰囲気が漂います。ハガルは身ごもり、イシュマエルという男の子を産みました。

イシュマエルが13歳になったとき、アブラムは神との契約のしるしとして自らをアブラハム、妻をサラに改名し、イシュマエルに割礼しました。

ある日、またしても騒動は起こります。3人の旅人がアブラハムを訪ね、来年の春に妻のサラに男の子が生まれることを予言したのです。

当時、アブラハム99歳。サラ89歳。予言されたとはいえ内心は子どもは無理だと思った夫婦でしたが、本当に1年後サラはイサク（彼は笑うの意）という男の子を産みます。イサクは、ユダヤ人の祖とされました。

サラは、次第にハガルと息子イシュマエルが目障りになり、アブラハムに追放するように訴えます。アブラハムは悩んだ挙句、神の言葉に従いハガル親子を追い出します。

イシュマエルは成人後、エジプト人の妻を迎え、12人の子どもに恵まれます。彼は、アラブ人の祖とされました。

名画で見る

《アブラハムにハガルをあてがうサラ》 マティアス・ストーメル

リアルに描かれた85歳アブラハムと代理母

子孫繁栄を約束されたとき、アブラハムは99歳、妻のサラは89歳。まだ2人には子どもがいませんでした。500歳で息子を授かったノアにくらべると、まだまだ若いようですが、現実的には年老いた妻が身籠るとは到底思えない。そんな悩みを抱えていたときに、サラは自分の召使ハガルを夫に差し出すのです。ハガルはエジプト人の異教徒でしたが、子孫を残すことの方が大切だと考えたのでしょう。

このハガルを差し出す場面は、画家たちの創作意欲を刺激したのでしょうか。同主題の作品が何点も残されていますが、子どもを産めないサラは年老いた姿で、これから子作りをするアブラハムは若々しい姿で描かれることもありました。しかし、この作品ではアブラハムもサライも顔に深い皺が刻まれ、しっかりと年老いた姿をしています。身体は少し若いようにも見えますが筋骨豊かな逞しい肉体ではありません。少し怯えたような表情が初々しいハガルは、片方の乳房を曝《さら》け出しています。美術の世界では、乳房

マティアス・ストーメル(c1600-c1652)
《アブラハムにハガルをあてがうサラ》
1637年　油彩、カンヴァス　113×168cm
ベルリン絵画館(ベルリン)

はしばしば妊娠を表すシンボルとして描かれます。また、85歳の老人と子作りをするというハガルの覚悟を表しているのかもしれません。ハガルは無事にイシュマエルという男の子を出産しますが、のちに母子2人でアブラハムに追放されてしまう悲しい運命を迎えました。

ソドムとゴモラ

滅ぼされる男色の街

アブラハムと別れた甥のロトは、ソドムという街に暮らしていました。この街と、隣街のゴモラは男色専門の街として知られていました。

その惨状を嘆いた神は2つの街を滅ぼそうとしますが、アブラハムはソドムにいるロトの身を案じ、神に許しを請います。神は、ソドムに正しい心を持つ人間が10人いたら街を滅ぼすのをやめると約束します。

神は街の様子を探るため、旅人になりすました使いをソドムに派遣します。ロトは旅人をもてなし自分の家に招きますが、街の男は彼の家を取り囲み、戸口をがんがん叩いて、「おまえの家に入った男をオレたちに寄越せ！」と騒ぎます。

旅人はロトに神の使いであることを告げ、ソドムからの脱出をすすめます。「決して後ろを振り返ってはいけない」という忠告通り、ロトとその家族は一目散に逃げますが、途中でロトの妻だけは振り返ってし

まい、塩の柱にされてしまいました。
神はソドムとゴモラの上に硫黄の火の雨を降らせ、両者の街を滅ぼします。街が崩壊する瞬間のシーンを切り取ったのが、ジョン・マーティンの名画です。燃えさかる炎が都市を包み、そこから逃げるロト、引き返そうとする妻も描いています。

巨大な炎の柱が街を飲み込む様子が横幅が2メートル以上もある画面いっぱいに描かれた大作。作者は大作一点のみの展覧会でも5万人以上集めたという超人気作家。

ジョン・マーティン(1789-1854)
《ソドムとゴモラの滅亡》1852年
油彩、カンヴァス　136.3×212.3cm
レイング・アート・ギャラリー
(ニューカッスル、イギリス)

名画で見る

《ロトと娘たち》ヘンドリック・ホルツィウス

旧約聖書最大のタブーに挑戦した画家たち

日本ではあまり知られていないロトと娘たちの物語は、西欧社会に多大なる影響を与えたといわれています。その背徳性のためか、16世紀以前に題材として取り上げられることは滅多にありませんでした。宗教的束縛が穏やかになったことで、絵画として描くことが可能となったのです。「禁断のテーマ」に挑戦した画家たちの異なる手法はくらべてみるととても面白いものがあります。

ホルツィウスの作品はみんなが裸体であることを除けば、一見穏やかな家族団欒のよう。しかし、画面右から読み解いていくと、この一枚の絵の中で物語のすべてが語られていることが分かります。事の発端となったソドムの火、逃げる途中で振り返ってしまったために塩の柱と化した妻、ぶどう酒を次々と注ぎながら仲良く談笑するロトと娘たち、そして左奥にはこの後の展開が小さく描かれているのです。右の娘の後ろにいるキツネは、父を騙す娘たちの狡猾さを象徴したもの。一方、フリーニは、緊迫する駆け引

ヘンドリック・ホルツィウス(1558-1617)
《ロトと娘たち》1616年
油彩、カンヴァス　140×204cm
アムステルダム国立美術館(アムステルダム)　©Rijiksmuseum, Amsterdam

フランンチェスコ・フリーニ
(1603-1646)
《ロトと娘たち》1634年
油彩、カンヴァス　123×120cm
プラド美術館(マドリード)
©www.scalarchives.com

きの場面そのものに焦点をあて、なんとも官能的な作品を描き出しました。青い闇のなかのロトに対し、まるでスポットライトをあてたように娘の艶めかしい肌が強調され、戸惑う父親の心の中までもが見えてくるようです。

試された信仰心　息子イサクを生贄に

神への篤い信仰心を持つ者として知られていたアブラハムですが、それは果たして本当なのか？　神は厳しい試練を与えます。アブラハムが宝物のようにかわいがっていた息子イサクを神の生贄として差し出せというお告げをくだすのです。

聖書にはそのときのアブラハムの心情は記されていませんが、激しく葛藤したのは容易に想像できます。しかしアブラハムは、神に反論せずに差し出すことを決めます。翌日、アブラハムはイサクとモリヤの山へ登り、祭壇を用意して、並べた薪の上に〝生《いけ》贄《にえ》〟のイサクを載せるのです。

そして刀を振り上げてイサクを殺そうとしたまさにその瞬間！　神の使いがアブラハムの前に現れ「その子を殺してはならない」と告げ、イサクは一命をとりとめます。その緊迫感が伝わるのが左ページのカラヴァッジョの《イサクの犠牲》です。アブラハムの表情もさることながら、イサクの恐怖におののく顔が臨場感にあふれていますね。

泣き叫ぶイサクを押さえつけるアブラハム。
半身像にすることで等身大の人物像を描いた。

ミケランジェロ・メリージ・ダ・カラヴァッジョ
(1571-1610)
《イサクの犠牲》1601-03年頃
油彩、カンヴァス　104×135cm
ウフィツィ美術館(フィレンツェ)

アブラハムの信仰の篤さを讃えた神は、子孫を星の数ほど増やすと約束します。現在、ユダヤ教徒、キリスト教徒、イスラム教徒はアブラハムを「信仰者の父」と崇拝しています。

名画で見る

《イサクの犠牲》レンブラント・ファン・レイン

自らの我が子を失う悲しみを込め

いままさにわが子の頸部をかき切ろうとした瞬間、後ろから天使に制止され、強固な意志で神に従おうとするアブラハムは目に狂気を宿らせながら何事かと振り向きました。手にしたナイフが落ちかかっていることからも緊迫した一瞬を感じさせます。両手を縛られ顔をおさえつけられ、光にさらされて白く輝くイサクの身体は神によって救われるべき存在であることを示唆しているかのようにも見えます。

オランダ絵画黄金時代の17世紀に現れたスーパースター、レンブラントは、人物の感情や心理を読み解き、作品として描き出すことを得意としていました。本作を描いた前年、大画商の娘サスキアと結婚します。画家としても成功をおさめ順風満帆の人生のようでしたが、この年、妻が身籠った最初の子はおさなくして命を落としてしまいました。親が子を失う悲しみは誰よりも身にしみて理解していたでしょう。アブラハムのこまでの悲痛な表情は、レンブラントにしか描けなかったかもしれません。

これに対し、カラヴァッジョは恐怖に泣き叫ぶイサクを生々しく描き出しました。(P75)故郷イタリアでは、紙幣に描かれるほどの英雄。しかし自らが人を殺めてしまったことがあるほどの激しい気性だった彼は、崇高さが漂うレンブラントと異なり、父親が実の息子を殺めようとする葛藤と恐怖にあふれる場面に仕立てています。カラヴァッジョ30歳、円熟期の傑作として知られる1枚です。

レンブラント・ファン・レイン(1606-1669)
《イサクの犠牲》1635年頃
油彩、カンヴァス　195×132cm
エルミタージュ美術館(サンクト・ペテルブルク)

ヤコブ　長子権のために父を欺く

アブラハムの息子イサクは、リベカと結婚します。なかなか子宝に恵まれませんでしたが、20年後に双子の男の子、兄エサウと弟ヤコブが生まれます。

イサクは狩りが得意な兄エサウを、妻のリベカは穏やかで気立てのよい弟ヤコブをかわいがります。

ある日ヤコブがレンズ豆の煮物をしていると、狩りから帰ったエサウが欲しがりました。ヤコブは兄に「長子権を譲ってくれるならあげます」と言います。エサウは、パンと煮物欲しさに長子権を放棄してしまいます。

ただし、正式に長子権を継ぐには、さらに父イサクの祝福が必要でした。父は、兄エサウを後継者に考えていました。

父はエサウに、自分はいつ死ぬか分からないので、今すぐに狩りに出かけて獲物をしとめ、おいしい料理をつくってくれないかと頼み、それを食べたあとですべての財産を譲る約束をします。

これを聞いた母リベカはヤコブに、視力が弱り物の形の見分けがつかなくなった父の前で兄になりすますよう助言します。

しかし、エサウはとても毛深く、ヤコブは滑らかな肌です。触ったらすぐにバレてしまうと訴える息子に、母リベカは、子ヤギの毛皮を小さく切ってヤコブの腕に巻きつけ、父をだまそうとします。

この〝作戦〟は成功し、兄エサウが狩りに行っている間、ヤコブは母リベカのつくった子ヤギの肉を父に差し出します。あまりに早く料理ができたので不審に思いますが、まんまと騙されます。料理を食べ、ぶどう酒を飲み、兄になりすましたヤコブに口づけして祝福してしまうのです。

狩りから戻ったエサウは、長子権を引き継ぐ祝福が終わったことに驚き、泣きわめき、激怒しヤコブを殺す決意をします。

それを察した母リベカは「エサウはあなたを殺そうとしています。私の言う通りにしなさい」と言い、ヤコブに急いで逃げるように指示し、兄ラバンの住むハランへ向かわせます。

名画で見る
兄になりすまし父を騙す弟の葛藤
《ヤコブを祝福するイサク》ホーファールト・フリンク

年老いて目が見えなくなった父イサクに対し、母リベカに言われるまま兄のふりをしたヤコブが忠実に描かれています。手には動物の毛皮でつくった手袋をはめ、後ろには鹿と偽ったヤギの料理。リベカが祝福を与えるところを見守っていますが、うつむき加減で半分陰となっている表情からは狡猾さを感じるのではないでしょうか。「ここにいるのはエサウよ」と囁いているのかもしれません。父はヤコブの声のようだと気づきながらも、周到に準備された策略にまんまと騙されてしまいます。しかし、気の弱いヤコブはバレてしまわないか怖いのでしょう。父を見上げる顔は祝福を受けられる笑みではなく不安気な面持ちをしています。

フリンクは1630年代にレンブラントの工房で助手として働きながら、師の技を徹底的に学んだレンブラントの弟子です。画家として大成功をおさめたレンブラントは、巨大な工房を運営し、数多くの作品を弟子たちとともに生み出しました。近年、レンブ

ホーファールト・フリンク(1615-1660)　《ヤコブを祝福するイサク》1638年
油彩、カンヴァス　117×141cm　アムステルダム国立美術館(アムステルダム)

ラント作とされてきた作品が、レンブラント本人によるものか、弟子たちによるものか、あらゆる研究がなされています。このランク付けされています。このランク付けによって作品の価格が大きく変化するため、研究者たちは慎重に調査しなければなりません。そのなかで、フリンクはレンブラントの技法を真剣に学んだ優秀な弟子として注目され、彼の作品はレンブラント作品解明における手がかりとして研究が行われています。

騙された！ レアとラケル、姉妹との結婚

ヤコブは母リベカの兄ラバンのもとへ向かう途中、疲れ果てて岩の上に横たわっているときに夢を見ます。天から地に届く階段を神の使いが上り下りしています。神は言います。「わたしは、アブラハムの神。イサクの神。おまえが横たわっている土地をおまえと子孫に与えよう」。神は続けてこう言います。「わたしはあなたとともにいる。あなたがどこへ行っても、わたしはあなたを守り、あなたに約束したことを果たすまで決して見捨てない」

目覚めたヤコブは、その地をベテル（神の家）と名づけます。

ラバンの家に到着したヤコブは、彼のもとで働きはじめます。彼はラバンの次女ラケルに一目ぼれします。そこで、7年間必死で働くからラケルを妻にさせてくれと懇願し、ラバンは了承します。

ラケルを愛するヤコブにとって7年はあっという間、ほんの数日に感じる歳月でし

た。7年後、晴れてラケルと結婚したヤコブは、翌朝、妻の顔を見て驚きます。なんとラケルではなく姉のレアだったのです。結局ヤコブはさらに7年間働き、やっとラケルを妻に迎えることができました。聖書は、ヤコブはレアよりもラケルを愛していたと明記しています。

ブレイクは、ヤコブが見た天に昇る梯子を螺旋階段として描いた。上方に向かって輝きが増す階段を行き来する天使たちが幻想的。

ウィリアム・ブレイク(1757-1827)
《ヤコブの夢》1805年頃
水彩、紙　38×30cm　大英博物館(ロンドン)

名画で見る

150年を経て発掘された名画

《ヤコブとラケルの出会い》ウィリアム・ダイス

1人の男に2人の女。この組み合わせが不幸な結果を生むというのは、現代も紀元前も同じです。愛する女性を手に入れたいがために、愛していない女性をも妻に迎えなければならなかった……そんな夫の愛をめぐって嫉妬の争いを繰り広げる妻たちはもちろん、その狭間に立つ夫自身でさえ幸福な生活を送っていたはずがありません。

この物語で唯一美しく語ることができるのは、ヤコブがラケルに一目ぼれをした場面。歴代の画家たちも井戸のそばで2人が出会う瞬間をたくさん描いてきました。本作も劇的な出会いをして熱烈な恋に落ちてしまう若者の情熱が伝わってくる傑作ですが、1857年の展示を最後に150年という長い期間、行方不明となっていました。2009年になって突然ノルウェーの個人蔵となっていたことが判明し、オークションでロイヤル・アカデミーに落札されました。近年、ラファエル前派をはじめとするヴィクトリア朝時代の絵画が人気ですが、その中でも最も重要な作品の一つとされています。

ウィリアム・ダイス(1806-64)　《ヤコブとラケルの出会い》1850年
油彩、カンヴァス　36×46cm　ロンドン・ロイヤル・アカデミー(ロンドン)

悲劇が始まった瞬間を描いた作品。ラバンを指さしながら非難するヤコブを前に、どこに視点があるのか分からない虚ろな目をしたレアが印象的。

ヘンドリック・テル・ブルッヘン
(1588-1629)
《ラバンを非難するヤコブ》1627年
油彩、カンヴァス　97.5×114.3cm
ロンドン・ナショナル・ギャラリー
(ロンドン)　

神との戦い　イスラエルという名を授かる

　ヤコブの財産は増え、ラバンとその息子らは面白くありません。その矢先、天使が「ラバンのあなたに対する仕打ちはすべて分かっている。今すぐに故郷に帰りなさい」という神のメッセージを届けに来るのです。

　こうしてラバンのもとに来てから20年後、ヤコブは２人の妻と侍女、その子どもたちを連れて故郷のカナンへ帰りますが、カナンに近づくにつれ、兄エサウが自分を殺したいほど憎んでいることを思い出して怖くなります。しかも、エサウが４００人も率いてヤコブを倒そうと待ち構えているという情報が耳に入ります。

　そこで、ヤコブはたくさんの動物をエサウへの贈り物として一足先に従者に届けさせ、ヤボク川を渡ります。みんなが渡りヤコブだけが川岸に残ったそのとき、何者かがヤコブに襲いかかります。そのシーンを描いたのが87ページの《天使とヤコブの戦い》です。２人は夜明け近くまで格闘し、相手はヤコブのももの関節をはずしてこう言います。「お前は神と戦って勝った。これからはイスラエルと名乗りなさい」。こうしてヤコブはイスラエル12部族の始祖となりました。兄エサウとも再会を果たし、和解しました。

まるでダンスをしているような天使とヤコブは、人生をともに闘う伴侶としてのふたりを描いたとされる。ゴーギャンもドニも自然の模倣という印象主義から離れ、独自の世界観を確立した。

モーリス・ドニ(1870-1943)
《天使とヤコブの戦い》1893年
油彩、カンヴァス　48×36cm　個人蔵

名画で見る

斬新すぎて司祭が受け取りを拒否

《説教のあとの幻影（ヤコブと天使の戦い）》 ポール・ゴーギャン

ヤコブと天使が戦っている様子を多くの人が見守っています。左手前の祈っている少女と右手前にいる司祭は目を閉じていますが、この幻想を心の眼で深く見つめるほどの信仰心を表しています。

ゴーギャンは35歳という決して早くない時期に画家として生きることを決心しました。当初はピサロに手ほどきを受けながら印象派的な作品を制作していましたが、やがて力強い輪郭線を特徴とする独特な様式を確立していきます。自らをキリストになぞらえて自画像を描くなど、宗教をテーマにした作品も多く残しています。ヨーロッパ文明を否定し、自然な生活を求めてタヒチへ移り住んだことは知られていますが、本作はタヒチに行く前、ブルターニュで描かれました。この場面は、ブルターニュ地方の聖人の日の祝祭、パルドン祭の情景をベースにしています。この地の習慣である相撲と聖書の題材をゴーギャンならではの感性で融合したのです。

ポール・ゴーギャン(1848-1903)
《説教のあとの幻影(ヤコブと天使の戦い)》
1888年　油彩、カンヴァス　73×92cm
スコットランド国立美術館(エディンバラ)
©www.bridgemanart.com

「風景と相撲は説教を聞いて、祈っている人々の想像の中にのみ存在する」

このように言っていたゴーギャン。ヤコブと天使の様子については、葛飾北斎の浮世絵から受けた影響も指摘されていますが、伝統技法から脱しなければ辿り着くことのできない卓越した表現であることには間違いありません。ちなみに本作を司祭に寄贈しようとしたところ、この新しい表現方法を理解されずに受け取りを拒否されたという逸話も残っています。

兄弟の裏切り 奴隷になったヨセフの快進撃

ヤコブ改めイスラエルは、12人の息子のうち最愛の妻・ラケルの子どもヨセフを特にかわいがりました。しかし、それが腹違いの他の兄弟の嫉妬を買い、17歳のときに奴隷としてエジプトに売られてしまいます。それを示したのが左の絵です。画面中央で白い布を腰にまとっているのがヨセフ。隊商の1人がヨセフの左腕を引き、もう1人の隊商が奴隷の代金を払っています。

エジプトに売られたヨセフは、主人（侍従長）ポティファルに気に入られ、彼のもとで働きます。ある日ヨセフは、ポティファルの妻に誘惑されます。当然ながら拒絶すると、怒った妻の恨みを買い罪を被せられ投獄されてしまいます。

しかし、ヨセフには夢占いができる素晴らしい能力がありました。10年後、獄舎でファラオが見た夢の謎を解き、信頼を得て出獄を果たして王国の宰相に抜擢されます。その後も夢解きで飢饉を予想し、エジプトの食糧危機を救うなど活躍しました。

兄たちによって衣服を奪われ売られていくヨセフ。足元には落とされた井戸が描かれている。兄たちは弟を売ったお金を数えるのに夢中だ。

ヨハン・フリードリヒ・オーファーベック(1789-1869)
《売られたヨセフ》1816-17年
フレスコ　243×304cm
ナショナル・ギャラリー(ベルリン)

一方、カナンを含む周辺国は飢餓にあえぎ、住民は食糧のあるエジプトに流入します。その中にヨセフの兄弟がいました。彼らはヨセフに気づきません。ヨセフは自分を売り飛ばした兄弟に復讐するか葛藤しつつも、彼らに素性を明かし、罪を許して家族全員をエジプトに呼び寄せます。

名画で見る

20年後に再び描かれたヨセフの悲劇

《ヨセフとポティファルの妻》バルトロメ・エステバン・ムリーリョ

ヨセフの物語は読み進めていくと気分爽快。優秀なゆえに兄たちに疎まれどん底まで落とされた境遇のなかで、才能ひとつで自分の道を切り開いていく姿に勇気と元気をもらえる物語です。しかし、そこに待ち構えているトラブルは悪と矛盾に満ち、不条理な事件であふれています。

ここで描かれているのは、兄たちによって奴隷に陥れられても生きる気力を失うことなく懸命に働き、ポティファルの信頼を得るまでになったヨセフに降りかかった災難、奴隷として仕えていたエジプトの高官ポティファルの妻に誘惑される場面です。身体をよじって必死に逃げようとするヨセフをベッドに引き込もうと、恥ずかしげもなく上半身を晒した女がマントをつかんでいます。17歳のヨセフは若々しい青年の姿で描かれていますが、女の顔はすさまじい形相。権力をかざして若い男を貶めようとする醜い熟女をよく表しています。作者ムリーリョは、本作から20年後にも同主題の作品を制作しま

バルトロメ・エステバン・ムリーリョ（1617-1682）《ヨセフとポティファルの妻》
1645-48年　油彩、カンヴァス　196.5×245.3cm
アルテ・マイスター絵画館（カッセル）　©www.bridgema Mart.com/amanaimages

した。ここでは演劇的なポーズでまるで静止しているように描かれたヨセフも、臨場感あふれる姿で表現され、この物語に対する作者の興味が伺えます。

ヨセフはこのあと、自分を乱暴しようとしたというポティファルの妻の虚言のために投獄されてしまいます。しかし、神に愛されていた彼は、持ち前の優れた能力を発揮してエジプトのナンバーツーにまで昇り詰め、最後には兄弟たちと和解してハッピーエンドを迎えることができました。

Column 1

キリスト教と絵画の歴史―始まり

偶像崇拝を禁止するも……

キリスト教はユダヤ教から派生した宗教です。ユダヤ教とは、紀元前530年頃、強大な国家に囲まれて過酷な歴史を強要されてきたユダヤ民族がつくり出したものでした。ほかの民族が信仰していた多神教と異なり、唯一絶対の神である一神教が大きな特徴です。キリスト教は民族も限定されず、多くの人にとって信仰しやすい宗教でした。

一説によると、紀元70年にエルサレム神殿が破壊されたことで、イエスの教えが地中海世界全域でキリスト教として広がり、救世主イエス・キリストが知られるようになったと言われています。

旧約聖書で繰り返し言われていることですが、ユダヤ教ではもともと神の姿をつくり出すことは禁止されていました。それは偶像崇拝につながるからです。神の姿を描いた絵画を拝むという行為はもってのほか。しかし、当時は文字を読める人がほとんどいなかった時代です。布教に最も効果があったのは、誰にでも理解できる絵画でした。神の教えも人々に理解

《よき羊飼い》5世紀　モザイク
ガッラ・プラキディア廟堂(ラヴェンナ、イタリア)

5世紀に描かれたビザンティン初期のモザイク画。羊飼いは救世主キリストを表す。

されなければ意味がありません。そのために教会が行ったことは、内部をモザイクやフレスコなど聖書の場面を描いた装飾で埋め尽くすことでした。

ちなみにこの頃に描かれた天使には翼がありません。それは、聖書には天使がどんな姿をしているか記載されていなかったため。翼が描かれるようになったのは、キューピッドなどギリシア神話の影響があるとも言われています。天使の姿が幼児や青年など統一されていない理由はここにあるのです。

第2章
『出エジプト記』『ヨシュア記』モーセ登場、エジプトからの脱出

モーセ率いた、ヨセフ子孫のエジプト脱出

『創世記』の最後で、ヨセフの兄弟らはエジプトに移住します。それから400年近くが経ち、彼らの子孫はエジプトで奴隷になっていました。

『出エジプト記』には、神がモーセをエジプトに遣わせてエジプトからイスラエル民族を連れ出したことが記されています。

同書は、エジプトを出たところまでの記録しかありません。その後については『民数記《みんすうき》』でイスラエル民族が荒野をさまよい、『申命記《しんめいき》』でモーセからヨシュアに指導者が交代することが記されています。

そして、『ヨシュア記』ではイスラエルがカナンを手に入れるまでの出来事が書かれています。神とイスラエルの民との契約「十戒《じっかい》」もここに記されています。

登場人物

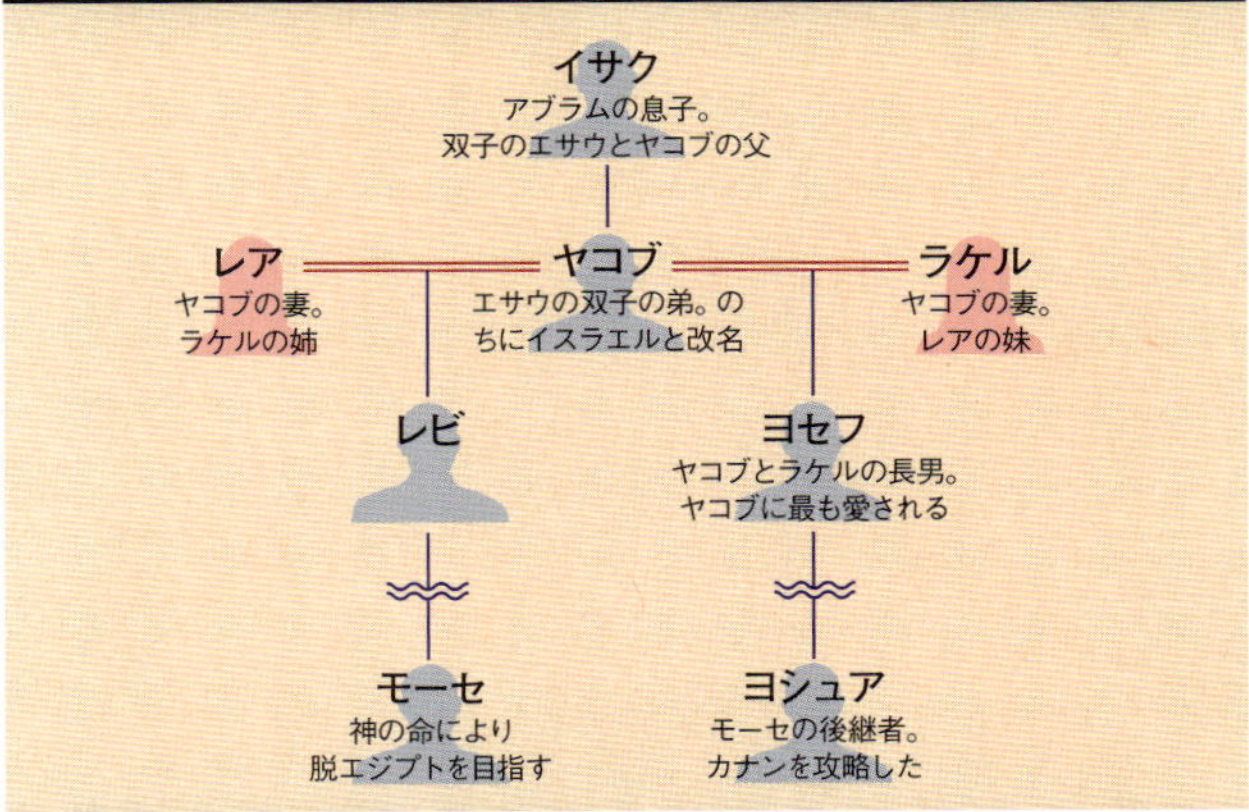
イサク
アブラムの息子。
双子のエサウとヤコブの父
レア
ヤコブの妻。
ラケルの姉
ヤコブ
エサウの双子の弟。のちにイスラエルと改名
ラケル
ヤコブの妻。
レアの妹
レビ
ヨセフ
ヤコブとラケルの長男。
ヤコブに最も愛される
モーセ
神の命により
脱エジプトを目指す
ヨシュア
モーセの後継者。
カナンを攻略した

出エジプトの道のり

出エジプトの推定ルート
ヨルダン川
エリコ
エルサレム
デボン
ヘブロン
ガザ
塩の海（死海）
カナン
モアブ
大海（地中海）
エジプトの川
チンの荒野
アラバ（大地溝帯）
カデシ・バルネア
エドム
ラメセス（タニス）
シュルの荒野
スコデ
東の荒野
エジプト
パランの荒野
ヒハヒロテ？
エタムの荒野
エジオン・ゲベル
シナイ半島
荒野の宿営地
ナイル川
エリム？
シンの荒野
ミデアン
スエズ湾
シナイの荒野
紅海
シナイ山？（ホレブ）

モーセの誕生から死、そして出エジプト

『出エジプト記』では、まず当時のエジプト王朝の様子とモーセの誕生について記されています。増え続けるイスラエル人に脅威を抱いたファラオは、イスラエル人を奴隷として働かせ、イスラエル人の男の子が生まれたらすべて殺せと命じます。

そんな状況下で誕生したモーセ。生後3か月のとき、両親はナイル川の葦の茂みに流しますが、運よくファラオの王女に拾われて宮殿で乳母のもとで育てられます。

次いで成長したモーセが、同じ血の流れるイスラエル人がエジプト人に虐げられているのを目撃して殺人を犯してしまうこと、そのために逃亡生活を送り、ミディアン地方で羊飼いとして暮らし始めること、家族ができることなどが記されています。

エジプトに10の禍いをもたらし、ファラオを懲らしめる

転機が訪れたのは80歳。シナイ山にいたモーセは、神から「イスラエル人をエジプト

から救い出せ」と命じられ、妻子とエジプトへ向けて出発します。モーセは、シナイ山で十数年ぶりに兄アロンと再会し、ファラオの前に出ていき、イスラエル人を解放するよう要求しました。ファラオは拒否し、イスラエル人にさらなる重労働を課します。

そこでモーセとアロンは神の指示に従い次の「10の禍《わざわ》い」をもたらします。

①ナイル川の水が血に変わり、魚が死に川は悪臭を放った。
②大量のカエルが川から上がり、エジプトの地面を埋めた。
③ブヨが大量発生。エジプト人や動物が襲われた。
④アブが大量発生。エジプト人が住む家を襲った。
⑤「はなはだ恐ろしい疫病」が発生し、エジプト人の家畜が死んだ。
⑥ススがエジプト人と家畜に降りかかり、膿を出す腫れ物になった。
⑦エジプトはじまって以来のすさまじい雹《ひょう》が降り、エジプトの畑の作物が枯れた。
⑧イナゴが大量発生し、エジプト全土を覆い作物を荒らした。
⑨3日間、エジプト全土が真っ暗になった。
⑩エジプト全土の長子が死んだ。

10番目の禍のあとファラオは観念し、イスラエル人たちの帰国を了承します。その後、ファラオは即、エジプト軍に追わせて皆殺しにしようとしますが、海が真っ二つに割れている間にモーセ一行は逃げ切り、エジプト人は海に飲み込まれてしまいました。

神とイスラエルの民との契約「十戒」

モーセ一行は過酷な旅を続け、ようやくシナイ山の麓に辿り着きます。

モーセは山の頂に登り、神から「十戒《じっかい》」の掟を授かります。神とイスラエルの民との契約成立の瞬間です。次ページにあるのが十戒の内容です。

その後、120歳になったモーセは、事情がありカナンの地を目前にしながら死んでしまいます（P118）。

後継者は、ヨシュアです。ここからは『ヨシュア記』という文書に記されています。『ヨシュア記』は、イスラエルがカナンを手に入れるまでの記録ですが、他の文書よりも突出して残虐性が高いと指摘する声もあります。カナン攻略の口火を切るエリコ陥落（P122）では、男だけでなく女性や幼い子どもも皆殺しにし、その段取りについて神が指示を出しているからです。ただし、カナン人の罪が極みに達したため神の怒りを買ったという見方もあります。

神の十戒《じっかい》

神とイスラエルの民が契約を交わした証が十戒です。

第一戒　あなたは私の他に、何者をも神としてはならない。
第二戒　あなたは自分のために刻まれた像をつくってはならない。
第三戒　あなたは私の名をみだりに唱えてはならない。
第四戒　あなたは安息日を覚えてこれを聖なる日としなさい。
第五戒　あなたの父と母を敬いなさい。
第六戒　あなたは殺してはならない。
第七戒　あなたは姦淫してはならない。
第八戒　あなたは盗んではならない。
第九戒　あなたは隣人について嘘の証言をしてはならない。
第十戒　あなたは隣人の家をむさぼってはならない。

モーセの誕生　川から流れてきた赤ん坊

イスラエル人がエジプトに移住してから、４００年近くが経ちました。

ヨセフが宰相のとき、自分たちの兄弟を含め70人ほどが移住してきたと言われますが、その後、子孫はあふれるほど増えていきます。

ヨセフの功績を知らないファラオは、増えすぎたイスラエル人がいざ戦時になったら敵に回るのではないかと脅威を抱き、奴隷化するようになります。肉体的に過酷な石切り場の採掘、石塊の運搬などの強制労働をさせました。少しでも怠けたり逃げようとすれば、監視しているエジプト監督官のムチが容赦なく飛んできました。

さらにファラオは2人の助産婦を呼び、イスラエル人の女の子が生まれたら生かしておき、男の子が生まれたら例外なくナイル川へ放り込んで殺せという命令を下します。

こうした時代背景のなか、ある日、レビ族の妻が身ごもり一人の男の子を産みました。イスラエル人・モーセの誕生です。

幸運にもファラオの娘に引き取られたモーセ

男の子が愛くるしいため捨てられず、母は3か月間大事に育てました。しかし、隠し切れないほど大きくなったため、パピルスで編んだカゴに赤ちゃんを入れてナイル川の沼地の茂みに置き去りにします。

そこへ水浴びにやってきたのがファラオの娘でした。王女は「きっと、ヘブライびと（イスラエル人）の子どもに違いない」と気づきつつも、乳母を雇って宮殿で育てます。そして、水の中から引き上げたのでマーシャー（引き上げる）＝モーセと名づけました。

乳母は、モーセの実母でした。つまりモーセは、王家の子どもとして最高の教育を受けながら、自分の母親に育てられることでイスラエル人としての価値観も受け継いだのです。しかしこの間も、他の同胞のイスラエル人は奴隷として重労働をさせられるなど苦しい生活を強いられていました。

歳月は流れモーセは成人し、逞しい若者に成長しました。ある日モーセは、同胞がエジプト人にムチで打たれているのを目撃します。その残虐な行為を許すわけにはいきませんでした（106ページへ続く）。

名画で見る

《川から救われるモーセ》パオロ・ヴェロネーゼ

画家の生きた時代で再現されたモーセ

旧約聖書の記述によると、ヤコブ（イスラエル）と一緒にエジプトの地に入ったのは70数人。それがいつの間にかエジプト王が脅威に感じるほど人口が増えたというのですから、神に選ばれし民族の強さを思い知らされます。生まれてきた男子を川に捨てろという残酷な命令も、ファラオの立場で考えてみればなんとなく理解できるような気がしませんか。

この作品では、モーセが川から救い上げられた場面が描かれています。作者のヴェロネーゼは、16世紀イタリアの画家。ルネサンス後期のヴェネツィアで活躍し、ティツィアーノやティントレットとともに巨匠の1人として知られています。本名はパオロ・カリアーリですが、故郷であるヴェローナにちなんでヴェロネーゼというあだ名で呼ばれました。その特徴は、卓越した鮮やかな色彩です。彼が目指したのは「見てすぐに理解できる絵画」。ありのままを描く手法は、聖書を主題にしていても時代考証に頼らない同時代の姿で表現された作品をつくり出しました。本作も鮮やかな色彩が明るく美しい作風に仕立てあげていますが、王女の服装、背景にみえる街並みは16世紀ヴェネツィアのもの。当時の人々にとっては、画家の言うように分かりやすい作品だったことでしょう。ヴェロネーゼはこの主題がお気に入りだったのか、同じような作品を数多く残しています。

パオロ・ヴェロネーゼ(1528-1588)
《川から救われるモーセ》1580年頃
油彩、カンヴァス　57×43cm
プラド美術館(マドリード)

名画で見る

血気盛んだったモーセが伴侶と出会う場面

《エテロの娘たちを救うモーセ》ロッソ・フィオレンティーノ

虐げられるイスラエル人を助けるためにエジプト人を殺してしまったモーセは、エジプトから逃亡し、シナイ半島のミディアンに辿り着きます。そこである事件が起きます。若い娘たちが羊に水を飲ませようとしたところ、羊飼いたちに邪魔をされたのです。偶然通りかかったモーセは、彼女たちを助けるために羊飼いを殴り倒しました。

この作品では、そんなモーセの姿が荒々しくリアルに描き出されています。拳を振り上げ屈強な男たちをなぎ倒す逞しい肉体からは、奇跡を起こし何万もの民を救う威厳あるモーセなど想像すらできません。殺人を犯して逃げてきたばかりだというのに、暴力に対して罪の意識はかけらも持っていなかったのでしょうか。のちの指導者はどうやら血気盛んな若者だったようです。しかし、これをきっかけにモーセは娘たちの家族と一緒に生活するようになり、娘の1人と結婚しました。つまりここに描かれているのは、生涯の伴侶と出会う場面でもあるのです。

作者ロッソは、フィレンツェ、ローマなどで活躍したマニエリスムの画家です。礼拝堂のフレスコ画などを制作していましたが、のちにフランス国王フランソワ1世の希望でフランスのフォンテーヌブローへ移り住み、ほかの画家たちとともに宮殿の壁面装飾を手がけました。これをきっかけにフォンテーヌブロー派と称される画家たちが生まれ、フランス美術に大きな影響を与えたことで知られています。

ロッソ・フィオレンティーノ
(1494-1540)
《エテロの娘たちを救うモーセ》
1523年頃
160×117cm　油彩、板
ウフィツィ美術館(フィレンツェ)

海が割れた　神が起こした奇跡

モーセ一行がエジプトを出発後、ファラオは奴隷を逃したことを悔やみ、皆殺しにしてやろうとエジプト軍に一行を追わせます。

軍はあっという間に近づき、モーセ一行は必死で逃げようとするも前面には葦の海が広がり進めません。まさに絶体絶命です。

このとき、奇跡は起こるのです。モーセは、神の命ずるまま葦の海に向けて手を差し伸べてみると海水が真っ二つに割れて海の中に道ができたのです！　モーセ一行が道を渡り終え、すぐさまエジプト軍も続けて入ろうとしたら海水はもとに戻り、あっという間に兵士を飲み込んでしまいました。

危機を脱したのも束の間、カナンまでの道は遠くモーセ一行の前途は多難でした。砂地を延々と進む中で、次第に食べ物や飲み物は不足し人々の不満は爆発します。

神はモーセに食料を与えることを約束します。すると、夕方にはウズラの大群がやっ

エジプトを出て荒野を進む人々が飢えに苦しんでいたときに、空からマナという食物が降ってきた。奪い合って喧嘩する者、家族に分け与える者など、それぞれの人物の表情が丁寧に描き分けられている。

ニコラ・プッサン(1594-1665)
《マナの収集》1637-39年頃
油彩、カンヴァス　149×200cm
ルーヴル美術館(パリ)

てきて人々は満腹になりました。朝には神が降らせたパンを食べることができました。人々はそのパンをマナと呼びました。そのシーンを描いたのが、ニコラ・プッサンの《マナの収集》です。その後も水が不足すれば水が湧くなど、神は何度もモーセ一行の旅を助け、見守りました。

名画で見る

翻訳ミスでモーセの頭に角

《紅海渡歩》 アーニョロ・ブロンズィーノ

一見するとただ水浴を楽しんでいる集団のようにも見えますが、これは『出エジプト記』で最も有名な奇跡、モーセが海を割りエジプト人の追手から逃れたあとの場面です。この物語を聞いて思い浮かべるのは、水が壁となって左右に分かれ真ん中にまっすぐ道がのびている状況でしょう。しかしそれはセシル・B・デミル監督による映画「十戒」の一コマ。歴史上の絵画では、あのような大スケールの劇的場面が描かれることはありませんでした。

この作品の後方ではエジプト兵や馬が溺れ、戦車の残骸が海に沈もうとしています。肝心のモーセはどこにいるのでしょうか。画面右に角が生えた人物が見えます。聖書には、神との交わりでモーセの顔が光っていたと書かれていますが、当時は「顔が光る」と「角」を間違えたラテン語翻訳が流布していました。そのためミケランジェロも角が生えたモーセ像を制作しています。ブロンズィーノは、当時フィレンツェを支配してい

アーニョロ・ブロンズィーノ(1503-72)
《紅海渡歩》1555年
フレスコ 320×490cm
ヴェッキオ宮殿(フィレンツェ)

たコジモ・デ・メディチ公の宮廷画家です。本作はヴェッキオ宮殿内にあるコジモ公の妻エレオノーラ・ディ・トレド専用の礼拝堂の装飾壁画として描かれました。ブロンズィーノというのはあだ名。その由来は、彼の髪がブロンズ色だったからとも言われています。

十戒　神とイスラエル人との契約

荒野を進むモーセ一行は、やがてシナイ山のふもとに到着します。神は、モーセを山の頂に呼び寄せ、イスラエルが守るべき十の戒律、いわゆる「十戒」を告げます。

その内容は、「他の神を信仰してはいけない」「自分のために刻まれた像をつくってはならない（偶像崇拝の禁止）」「神の名をみだりに唱えてはいけない」などで（P101）、神は、十戒を守る限りイスラエル人を守ることを約束しました。神とイスラエル人の間に契約が成立した瞬間です。十戒は、ユダヤ教の律法でとくに重視されています。

モーセは40日間帰ってきませんでした。不安を抱いた人々は、金の雄牛像という形ある神の姿をつくってそれを神に見立てます。しかし、これは十戒の第二戒・偶像崇拝の禁止に反します。神の言葉を刻んだ2枚の石板を持って下山したモーセは雄牛像を見て激怒し、石板を投げつけて破壊。そのシーンは、レンブラントの絵《モーセの十戒》でも表現されています。さらにモーセは背信行為に及んだ3000名を処刑し、神に許しを請い、再びシナイ山に登って新しい石板を〝再発行〟してもらいます。この石板は「契約の箱」に納められました。以後、契約の箱は神の存在を示す象徴とされました。

十戒を記した石板を持つモーセが画面いっぱいに描かれている。カラヴァッジョの明暗法を完成させたレンブラントならではの大胆な構図。

レンブラント・ファン・レイン(1606-1669)
《モーセの十戒》1659年　油彩、カンヴァス
168.5×136.5cm
国立ダーレム美術館(ベルリン)

名画で見る

旧約聖書は最大の詩の源

《律法の石板を受けるモーセ》マルク・シャガール

これは、モーセがシナイ山の頂上で雲の中に姿を隠した神から石板を受け取る瞬間を描いた作品です。神々しい光に照らされたモーセのまわりに対し、下の方では人々がなにやら不穏な空気に包まれています。彼らはモーセがなかなか帰ってこないため、黄金の子牛像をつくり礼拝する準備をしている最中なのです。律法がはじまった人類の倫理にとって決定的な瞬間であると同時に、これから神の罰がくだることも示唆している場面です。

シャガールは「旧約聖書はいつの時代でも最大の詩の源である」という考えのもと、生涯を通してこの主題に魅了され続けてきました。特に1950年代から60年代にかけて旧約聖書を視覚化する作品を積極的に制作し、その結果ニースにシャガールの旧約聖書を題材とした作品を集めた美術館が設立されることとなります。宗教がなんであれ、色彩と光と線が人々に精神的な充足感をもたらすという彼の信念が、現実となった瞬間でした。20世紀の作家として、様々な制約にとらわれる必要のない作風は、想像力を最大限に遊ばせた独自の旧約聖書世界をつくり上げます。なかでもモーセには特別な思い入れがありました。危機にさらされ続けたユダヤ人の運命を体現する1人であり、神との対話が途切れることなく奇跡を連発し、「律法」の伝道師である最も神秘的な人物。シャガールにとって英雄のような存在だったのかもしれません。

マルク・シャガール
（1887-1985）
《律法の石板を受けるモーセ》
1960-66年
油彩、カンヴァス
238×234cm
シャガール美術館（ニース）

モーセの最期　神の怒りを買う

モーセ率いる一行はシナイ山を旅立ち、契約の箱を抱えた人を先頭にカナンを目指します。しかし、そこは砂地がどこまでも続く荒野。旅は40年間続きます。空腹と喉の渇きでイスラエル人の不平不満は頂点に達します。モーセが祈ると神はこう言いました。

「あなたは杖をとり、兄のアロンと民を集め、目の前で岩に命じて水を出させなさい」

このとき、モーセは失態を犯します。これまで地上の誰よりも神にひれ伏し、謙遜する姿勢を貫いてきたのに、イスラエルの民に対してこう言うのです。

「反逆する者よ。いつまでわれわれはおまえたちのわがままを聞いて、おまえたちのためにその要求に応えなければならないのか」。

〃われわれ〃という言葉を使っています。神ではなく自分が民を養っているかのような発言をしてしまうのです。モーセは自身を神と同列に扱ってしまったのです。

しかも水を出すとき、怒りにまかせて杖で岩を2度叩いてしまいます。

右中央の書物を持つモーセ、左手前の後継者ヨシュアに杖を渡すモーセ、中央奥の下山するモーセ、左奥にはモーセの臨終。ひとつの画面に様々な場面が描かれている。

ルカ・シニョレッリ(c1445/50-1523)
《モーセの遺言と死》1481年
フレスコ　350×572cm
システィーナ礼拝堂(ヴァチカン)
ⓒScala

これらの失態により、神の怒りを買ったモーセはカナンの地に入れませんでした。

すでにモーセは120歳。ヨルダン川を見下ろすネボ山で息を引き取りました。人々はモアブの谷にモーセを葬り30日間喪に服します。

名画で見る

遠近法と明暗法が生み出した演劇場面

《青銅の蛇》 ヤコポ・ティントレット

イスラエルの民が約束の土地カナンを目指す途中、旅の厳しさから神を冒瀆する言動が発せられるようになったことが原因で、神は天から炎の毒蛇を降り注ぐという罰を与えました。モーセが神のお告げに従い、青銅のヘビをつくってこれを鎮めた物語を描いたのが本作です。神は天上から毒蛇を放つなか、画面左中央では青銅のヘビの付いた旗竿を掲げるモーセ、その下には毒蛇に咬まれて命を落とした人々の上で必死に青銅のヘビを仰ぎ見る民が描かれています。

ティントレットは16世紀イタリアのヴェネツィア派として活躍した巨匠です。本名をヤコポ・ロブスティといい、染物屋（イタリア語でティントーレ）の息子として生まれたためティントレットというあだ名で呼ばれていました。ミケランジェロの影響を受け、遠近法を巧みに操り、強い光のコントラストによって演劇的な躍動感あふれる作品を多く残しています。必然的に選ぶ主題も、本作のような超人的な奇跡が多く取り上げられました。なかでも、ヴェネツィアのサン・ロッコ同信会館大広間の天井画として描かれたこの作品は、ドラマティックな情熱と卓越した想像力で雄弁な絵画表現を実現した代表作として知られています。

ヤコポ・ティントレット(1518-1594)
《青銅の蛇》1565-67年
油彩、カンヴァス　840×520cm
サン・ロッコ同信会館(ヴェネツィア)
©www.bridgemanart.com

エリコ陥落　ヨシュアの秘策

モーセの死後、ヨシュアが後継者になります。イスラエル人の地にするため、カナンを目指します。そのため、まずヨルダン川を渡った対岸にある頑丈な城壁都市・エリコの制圧から計画しました。

神の助けでヨルダン川を渡ったとき、ヨシュアは神の将軍と名乗る不思議な人物から、エリコ攻略の秘策を授けられます。

その秘策とは6日間、ヨシュア軍がエリコの城壁のまわりを1周することでした。ヨシュア軍は、毎日「契約の箱」を担いだ7人の祭司が角笛を吹き鳴らしながら城壁を1周しました。

7日目は、城壁を7周しました。7周したところで角笛を長く吹き、その音を聞いた人々は、みんなで大声をあげたのです。その瞬間、本当にエリコの城壁はガラガラと崩れ落ちたのです！　ヨシュア軍は城内に突入し、神の作戦通り壊滅させました。

ジョン・マーティン(1789-1854)
《ギベオンの上に止まれと太陽に命ずるヨシュア》1816年頃
油彩、カンヴァス　150×231cm
ワシントン・ナショナル・ギャラリー(ワシントン)

産業革命時代の巨匠。人物描写ではなく、高い視点からの圧倒的な大自然を描くことにより、畏怖の念すら感じる壮大な作品を完成させた。

エリコに次いでアイなどカナン中部を制圧したヨシュア軍は南部にも侵攻します。その中のギベオンの住民は、ヨシュア軍と同盟を結んで奴隷になって生き残りの道を選びます。上の絵は、そのギベオンにいるヨシュアらを描いた絵です。

名画で見る

《エリコの奪取》ジャン・フーケ

うごめく群衆の恐ろしさを見事に表現

人々が角笛を口に咥えています。つまり、この絵の場面は7日目の7周目、これからエリコに突撃する瞬間であることが分かります。手前では祭司たちが黄金でつくられた豪華な契約の箱を担いでいます。この中に納められているのは、十戒を刻んだ石板。彼らにとってご神体のような存在なのかもしれません。色とりどりに描かれた人々の向こうには、影のように描かれた何千もの群衆が連なっています。この人数が無言で6日も回り続けることを考えると、さぞ街の人々は恐ろしい思いをしたことでしょう。さあ突撃だぞと盛り上がる人々に対し、暗く影を落とした街並み。こんなにも静と動がひとつの画面に描き分けられている作品は、滅多にありません。そして背景に描かれている15世紀のロワール川流域をもとにしたリアルな風景が、場面の不気味さを一層強調しています。

作者のジャン・フーケはルネサンス期に活躍した数少ないフランス人画家。フランスにいち早くルネサンスを紹介した人物として知られています。しかし、イタリア勢に押されその作品は19世紀まで忘れ去られていました。そのために彼の生涯についてはあまり詳しく分かっていませんが、イタリアで学んだ絵画様式を当時のフランス様式と融合させた、フランス美術を語るうえで欠かせない重要人物の1人とされています。

ジャン・フーケ(c1415-c1478)
《エリコの奪取》1465年頃
写本装飾
フランス国立図書館(パリ)
©www.bridgemanart.com

Column 2

キリスト教と絵画の歴史 ― 中世

キリスト教最盛期、技術の粋が結集した教会建築

一般的に中世とは5世紀頃から15世紀頃、いわゆるルネサンスが始まる前までの千年間のことを言います。ローマ帝国では、度重なる迫害にもかかわらずキリスト教信者が爆発的に増加していきます。そしてついに4世紀末、ローマ帝国はキリスト教を国教として他の宗教や神を信じることを禁じたのです。

その後、ローマ帝国は東西に分裂し、5世紀に西ローマ帝国が滅亡します。政治的に不安な情勢のなかで、人々はローマ教皇を頂点とするキリスト教会に精神的な支えを求めるようになりました。しかし8世紀末に西ヨーロッパの大半を支配していたのはフランク王国。力を失っていたローマ教会はフランク王国の大帝カールをローマ皇帝とすることで、絶対的な後ろ盾を手に入れることに成功します。

一方カールは教皇のために領地を寄付したり、教会や修道院を建設。こうして、時の権力者と教会の権力者が持ちつ持たれつの関係を築くことに

《エッサイの木》12世紀　ステンドグラス
シャルトル大聖堂(シャルトル)
©www.bridgemanart.com

中世に制作されたエッサイの木。下にエッサイ、頂点にキリストが描かれている。

なりました。

つまり、中世がはじまったのはキリスト教が盤石な基盤を築き、権力を持ちはじめたときでした。当時、美術や音楽などあらゆる文化活動は、キリスト教のために行われたのです。なかでも教会建築にはあらゆる最高峰の技術が結集されました。ゴシック様式の教会では、美しいステンドグラスに再現された聖書の世界を今でも見ることができます。

第3章

『士師記』各地に現れた賢い指導者たち

「モーセ五書」に続く、国を巡る歴史書

『士師記《しじき》』は「モーセ五書」に続く「歴史書」の一つです。ヨシュアの死からイスラエルが王制に入る前までのおよそ200年間にわたる出来事が記されています。

この間、指導者は立てられず、困難な状況になったときは、12部族共同体の中から、神が指導者を任命するシステムでした。彼らは士師と呼ばれ、その士師の活躍を描いた物語です。

12人目の士師・サムソンは、士師の中で最も有名で人気があります。怪力だけど女にだらしなく、どこか憎めないサムソンの生涯はセンセーショナルでした。

本章の最後に登場するのは、「ルツ記」に出てくる主人公の女性・ルツです。ダヴィデの曾祖母にあたります。文学的表現に優れた書として有名です。

登場人物

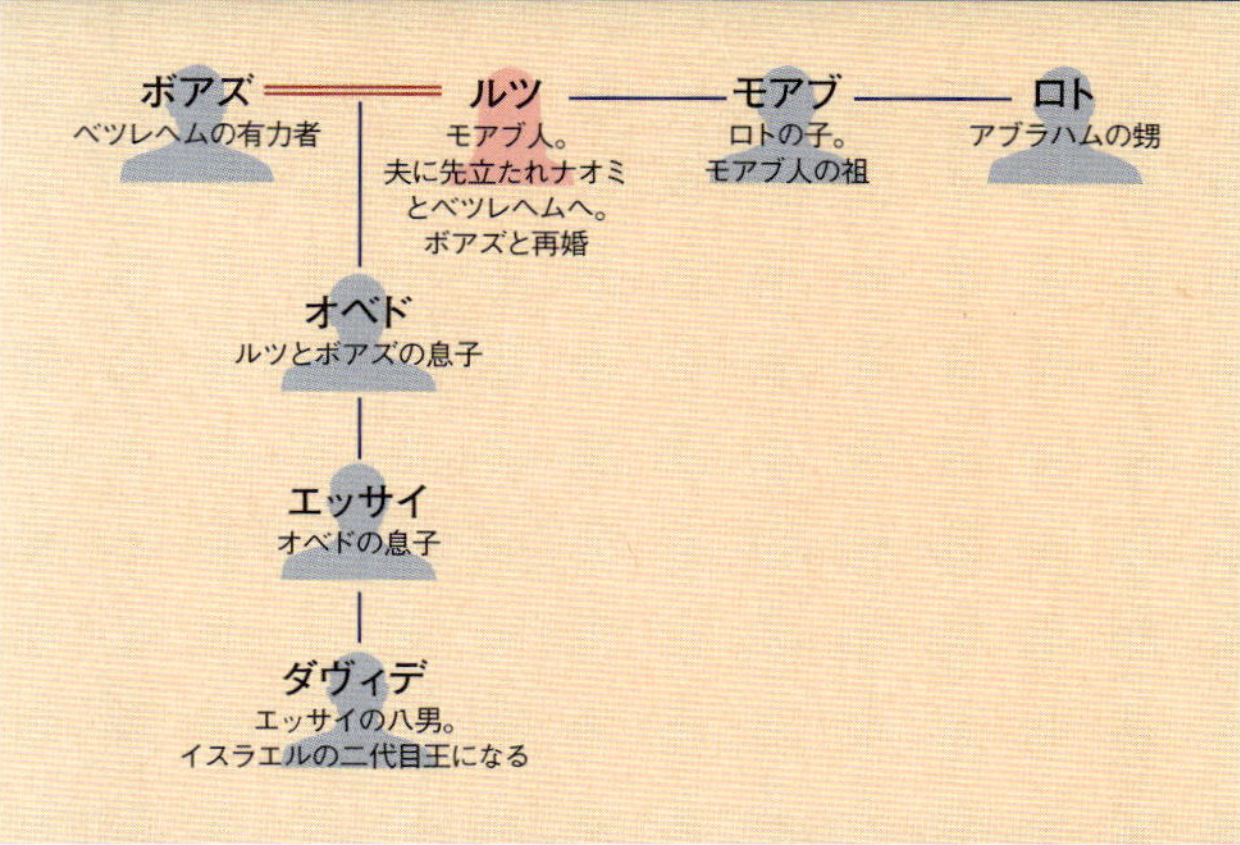

12人の士師

11 アブドン	9 イブツァン	7 ヤイル	5 ギデオン	3 シャムガル	1 オトニエル
8年間イスラエルを裁く。特に問題も起こらず平和な時代だった	ベツレヘム出身。7年間イスラエルを裁く	22年間イスラエルを裁く。具体的な業績は記されていない	ミディアン人によって衰えたイスラエルをごく普通のイスラエル人が救う	牛追いの棒でペリシテ人600人を打ち殺す	神の獅子の意。霊がかたわらに立つたびにイスラエルを裁いた
12 サムソン	10 エロン	8 エフタ	6 トラ	4 デボラ	2 エフド
12士師No1の怪力でペリシテ人と戦い続けた。女好きが玉にキズ	10年間イスラエルを裁く。アヤロンに埋葬された。この記述のみ	アンモン人からイスラエル人を守った	「イスラエルを救うために立ち上がった」と記されているのみ	12士師唯一の女預言者。自ら戦わず神の神託をナフタリ族に告げる	左利きをフル活用。モアブ王エグロンを右腰から左手で剣を抜いて倒す!

イスラエル人がピンチに陥ると士師が登場！

『創世記』から見てきた通り、イスラエルは、アブラハム、その子どものイサク、その子どものヤコブが治める時代があり、ヤコブの息子がそれぞれ族長となる12部族共同体の時代に入りました。その後奴隷時代を経て、モーセとヨシュアに率いられてカナン侵攻まで辿り着きます。

ヨシュア亡きあと、初代の王が立てられるまでは200年も先です。この時代のカナンは、様々な実力者が勢力を持っていた時代でした。イスラエル人が困難な状況に陥ると、神は「12部族共同体」の中からリーダーを任命しました。彼ら12人が士師です。歴代12人の士師とその時代の記録が『士師記』です。

罪を犯すたびに罰を与え、士師で救済する

カナンに住みはじめてからのイスラエル人は、それまでの遊牧的な生活から農耕を中

心とした定住生活を始めます。すると、中には農耕の神を崇拝する人が出てきました。

これは十戒の一つ「あなたは私の他に、何者をも神としてはならない」に反します。神は怒り、異民族をわざと侵入させるという罰を与えます。当然ながら内紛が勃発し、イスラエル人が追い込まれて神に許しを請うと、神は、今度はイスラエル人を救済するために士師の一人を任命して指揮をとらせました。

士師に助けられて平穏な生活を取り戻すと、イスラエル人は懲りずに再び同じような過ちを起こします。そのたびに神は罰を与え、民が悔い改めると士師を派遣して救済する行為を繰り返しました。士師の中で最も有名なのは、怪力のサムソンですが、他にも、12人のうち唯一の女性であるデボラなどもいました。

ルツの物語を記した『ルツ記』にも触れておきます。『ルツ記』は旧約聖書の中で最も短い文書ですが、その文学性が高く評価されています。

ルツは、後のダヴィデ王の曾祖母にあたる人物でモアブ人。イスラエル人ではありません。しかしモアブ人としての慣習を放棄し、イスラエル人のナオミについていき、その神を信じたためイスラエルに受け入れられたと考えられています。同時に、イスラエル人にとらわれない神の寛容さ、壮大さも示唆しています。

心優しき乱暴者　英雄サムソンの活躍

イスラエル人が異教の神を信仰するという背信行為を行うたびに士師は派遣されましたが、そのうちの1人がサムソン。「太陽の人」という意味があると言われています。彼は20年間、士師としてイスラエルを裁きました。

サムソンは生まれる前から、神に仕えるナジル人とされていました。天使は、サムソンの母に「男の子を産むだろう。今後は、ぶどう酒などの強い飲物を飲まず、汚れた物も食べてはならない。その子はナジル人なので、頭にかみそりを当ててはならない。彼は、ペリシテ人からイスラエルを解放する先駆者となろう」と告げていたのです。

サムソンの使命は、ペリシテ人に奪われたガザの街を取り戻すことでした。まさに、ペリシテ人との戦争に明け暮れる一生を送りました。

彼の最大の特徴は、吠えるライオンを素手で引き裂くほどの怪力の持ち主だったこと。左の絵《サムソンとライオン》では、ライオンの口を両手で裂いて殺そうとしてい

「仔ヤギを裂くように」口を裂かれるライオンがリアルに描かれた傑作。サムソンの力強さを示すライオンの逸話は主題として人気だった。

ルカ・ジョルダーノ(1634-1705)
《サムソンとライオン》1695-96年
油彩、カンヴァス　95×142cm
プラド美術館(マドリード)

る迫力あるシーンが描かれています。その怪力ゆえに、他の士師とは異なりたったひとりで敵地に出向いて1000人ものペリシテ人を撃ち殺していました。

サムソンは天使のお告げ通り、ぶどう酒を断ち、髪の毛は剃らずに伸び放題にしていました。この髪の毛こそ怪力の秘密でした。

名画で見る

描きたかったのは、鍛え抜かれた筋肉美

《サムソンとライオン》フランチェスコ・アイエツ

神の特別な恵みを受けた子として生まれたサムソンの有名なエピソードの一つに、ライオンとの闘いがあります。彼の怪力を示す物語ですが、妻になる予定だった女に騙され、結婚式の招待客を皆殺し、即離婚という結果を招いてしまう少し滑稽なお話。しかし「素手の人間がライオンを退治する」奇跡的な英雄伝説は、のちにキリストによる悪魔退治と同一視され、様々な画家が主題として選ぶことになります。その多くが旧約聖書の記述にある「まるで子山羊を裂くように」ライオンを口から裂こうとする場面。しかし、アイエツが表現したのは、逞しく美しい青年でした。ここでの主役は、ライオンに打ち勝つ英雄の姿というより、あくまでもその強さを示す肉体美。自らが倒したライオンを見下ろすサムソンは、伝説の通り長髪で美術史上まれにみるほどの鍛え抜かれた筋肉を誇示するかのようにポーズをとっています。人物の写実性にくらべて平面的に描かれたライオンにも、作者の意図がみえるようですね。

アイエッツは19世紀イタリアで活躍した画家です。いまではイタリア・ロマン主義を象徴する画家と言われていますが、そのきっかけとなった作品がありました。それは1859年に描かれた《接吻》(ブレラ美術館)。中世風建物の階段下で若い男女が情熱的にキスをしている場面を表現したものです。当時のイタリアは統一運動(リソルジメント)の真っ只中であり、その中心人物たちと密接な関わりのあった作者は、1859年に結ばれたフランスとイタリアの同盟をこの絵に込めたと言われています。国家の一大事件を、禁じられた男女の愛が織りなす情熱的な一瞬に仕上げた傑作が、アイエッツをこの時代の象徴的な存在に押し上げたのです。

フランチェスコ・アイエッツ(1791-1882)
《サムソンとライオン》1842年　油彩、カンヴァス
210×162cm　ピッティ宮殿近代美術館(フィレンツェ)

愛した娼婦の裏切り　サムソンの死にざま

怪力サムソンの唯一の欠点は、女にだらしないところでした。敵であるはずのペリシテ人の娘や遊女に恋してしまうのです。それが災いして大きな事件が起こります。

あるとき、サムソンはペリシテ人の美女デリラに一目惚れします。デリラは、ペリシテ人にサムソンの怪力の秘密を探るよう命じられていました。「怪力がどこに秘められているのか教えて」と聞くと、彼は「乾いていない新しい弓弦7本で縛ればいい」と嘘をつきます。3回嘘をつくと、デリラは泣きながら、なんで教えてくれないのかと何度も迫るので、サムソンはついに「髪の毛を剃られたら、わたしの力は抜けて並の人間になってしまう」と打ち明けます。

サムソンは眠っている間にデリラに髪の毛を切られて怪力は消滅し、ペリシテ人に目をくり抜かれて牢獄に入れられます。その衝撃のシーンを描いたのがレンブラントの《ペ

不自然に折れ曲がった足指が目を潰された強烈な痛みを示す。デリラは両手にハサミとサムソンの髪を持って凄惨な場から逃げ出そうとしている。

レンブラント・ファン・レイン
(1606-1669)
《ペリシテ人に目を潰されるサムソン》
1636年
油彩、カンヴァス　206×276cm
シュテーデル美術館
(フランクフルト・アム・マイン)

リシテ人に目を潰されるサムソン》です。
しかし髪の毛が伸びてくると再び力を取り戻し、ガザ祭りの日、見世物にするため集まった3000人の前で建物の柱を引き倒し、多くのペリシテ人を下敷きにして自らも命を絶ちました。壮絶な最期でした。

名画で見る

裏切りシーンをロマンティックに

《サムソンとデリラ》ヘラルト・ファン・ホントホルスト

サムソンは1000人ものペリシテ人を殺してしまうほどの凶暴さを持ちながらも、好きな女性に対してはついつい甘くなってしまう弱点を持っていました。恋人を愛するあまりに自分の怪力の秘密を話してしまい、生きたまま両目を抉《えぐ》られてしまう愛と裏切りの物語が、芸術家にとって創作意欲を刺激される主題であったことは間違いありません。様々な画家が狡猾なデリラ、酔ってだらしなく眠ったサムソンなど、恋人たちの間には最初から愛などなかったように描いているなか、ホントホルストによるこの作品だけはどこかしらロマンティックな雰囲気で描かれています。

暗闇の中、一本の蝋燭が照らしているのは、恋人の膝の上で安心したように眠っているサムソン。爽やかな青年として描かれ、とても頭の弱い怪力男には見えません。その穏やかな表情から、デリラに対する真剣な気持ちが見えるようです。一方デリラはそんな子どものようなサムソンの毛髪を切ろうとしています。銀貨のために恋人を良心の呵責も感じずにいともたやすく売ってしまう……しかし、そんな金に貪欲で狡猾な女のようには到底見えません。まだ幼い少女のような顔立ちを見ていると、サムソンの毛髪を切ったところで大した影響はないのではないかと、ただ事の重大さを理解できない子どもだったんだと、そんな風に思えてきませんか？

ヘラルト・ファン・ホントホルスト(1592-1656)
《サムソンとデリラ》1615年
油彩、カンヴァス　158.4×122.5cm
クリーヴランド美術館(クリーヴランド)

ルツの物語　美しい珠玉の短編小説

主人公のルツという女性はモアブ人。イスラエル人ではありません。そのルツが、ボアズというイスラエル人と結婚し、後のダヴィデ王の祖父にあたるオベドが生まれる物語です。

士師の時代、ベツレヘム出身のイスラエル人・ナオミは飢饉から逃れるため、家族でモアブに移住しますが、夫エリメレクと2人の息子を失ってしまいます。ナオミは息子の嫁に自国に残るように言い聞かせ、夫の故郷・ユダに帰国を決意します。しかし嫁のルツだけはナオミのそばをすがって離れず、結局、2人で故郷に帰りました。

ルツは親戚ボアズの畑で落穂を拾って生活の糧にしました。ボアズは、ナオミと手を取り合って健気に働くルツに惹かれ、背負いきれないほどの落穂をわざと残すなどして陰ながらルツを支えました。

ナオミは、ボアズはルツの再婚相手にふさわしいと思い、ある計画を立てます。ルツとナオミの夫の土地がボアズの手に入るように、ルツの方からボアズに夜這いさせるように仕向けたのです。
しかしボアズはルツに手は出さず、翌日、親戚に交渉し、親戚が所有するナオミの夫の土地権利を勝ち取り、後日ルツを嫁に迎え入れます。

乳房をはだけているのは、悲しみを乗り越えて後継ぎを残すべくボアズに嫁ごうとするルツの決意を表す。

フランチェスコ・アイエツ
(1791-1882)
《ルツ》1853年頃
油彩、カンヴァス 139×101cm
ボローニャ市庁舎(ボローニャ)

後にルツは、ダヴィデ王の祖父にあたるオベドを出産したのです。子孫は、イスラエルの世襲の王になりました。

名画で見る

ミレーの出世作は架空の農作業風景

《刈り入れ人たちの休息（ルツとボアズ）》ジャン・フランソワ・ミレー

ミレーは旧約聖書の「ルツ記」から題材をとり、ベツレヘムで落ち穂拾いをするルツを地主のボアズが見初めて村人たちに紹介するという、聖書には記述のない場面を描きました。実在の農民たちを描きながら伝統的な宗教画に仕立てる……そこには、尊敬するプッサンの作品《夏、ルツとボアズ》（1660-64年、ルーヴル美術館）の影響がありました。本作はサロン展に入賞し、ミレーにとって初めて世間に認められた作品となります。

敬虔なカトリック教徒であったミレーは、農作業に忙しい母にかわって祖母に育てられました。少年時代のミレーにカトリックの宗教観を植え付けたのも彼女でしたが、1851年に亡くなったとき、ミレーは葬儀に出席するどころか里帰りすらしませんでした。なぜなら祖母も母もミレーの再婚を認めず、ミレーは2人の娘の存在を実家に隠していたのです。結局、ミレーが里帰りと墓

ジャン=フランソワ・ミレー(1814-1875) 《刈り入れ人たちの休息(ルツとボアズ)》
1850-53年 油彩、カンヴァス 67.3×119.7㎝ ボストン美術館(ボストン)

参りを果たしたのは1853年。前月に母も亡くなり、遺産相続のために帰省したときでした。

本作には、ミレーが妻に肩身の狭い思いをさせていることへの贖罪の意識が反映されているのではないかとも言われています。座って食事をする農民たちも、そのような視点で見てみると、連れてこられたルツに対してなんだか非歓迎的に見えませんか。意図的かどうか分かりませんが、画家の深層心理はふとしたことで絵に表現されるのかもしれません。

Column 3

キリスト教と絵画の歴史―宗教改革とルネサンス

ダ・ヴィンチ、ミケランジェロ、ラファエロ3大巨匠の登場

14世紀から16世紀にかけて、ヨーロッパでは大きく時代が変革していきます。特にイタリアは、十字軍遠征をきっかけに大きな発展を遂げました。キリスト教の世界観のヨーロッパに、古代ギリシア・ローマの文化を受け継いだ東方の世界観が入ってきたのです。それは、神を中心とする文化から人間を中心とする文化へ移行する動きでした。失われていた古代ギリシア・ローマの文化を再生させようとしたのが「ルネサンス」（フランス語で再生の意）です。レオナルド・ダ・ヴィンチ、ミケランジェロ、ラファエロという3大巨匠は、このような流れのなかで生まれてきたのです。中世時代、神々しさを保つよう無表情に描かれていた聖母子は、ルネサンスに入って人間らしく描かれるようになりました。宗教の束縛から逃れることができるようになり、現実そのままを表現することが可能となったのです。

そんなとき登場したのが宗教改革の創始者マルティン・ルターです。1

プロテスタント国のオランダでは、庶民を描いた風俗画が流行した。

ヨハネス・フェルメール
《真珠の耳飾りの少女》 1665年
油彩、カンヴァス
44.5×39cm
マウリッツハイス美術館(デン・ハーグ、オランダ)
ⒸCorbis

517年、彼が発表した「95か条の論題」は人々に対して信仰の意味を問い直すものです。これが契機となってヨーロッパ全土に広がった「宗教改革」は、プロテスタントという新しい宗派を生み出しました。ちょうど活版印刷技術が確立されてきた時代。彼がドイツ語に翻訳した聖書を出版したことで、人々は自分の手元に聖書を置くことができるようになったのです。つまり、神が禁止する偶像崇拝はもう必要がないということ。プロテスタントが聖書の場面を描いた絵画には、神や聖母が描かれることはありませんでした。

第4章
『サムエル記』『列王記』王たちの活躍

初代イスラエル王サウルとダヴィデ登場

『サムエル記』のサムエルは人名です。しかし『ルツ記』はルツが、『ヨシュア記』はヨシュアが全編を通して主役なのに対し、『サムエル記』のサムエルは55章あるうちメインで登場するのは19章まで。その他はイスラエル初代の王サウル、2代目の王ダヴィデが登場します。

つまり『サムエル記』の主人公は、サムエル、サウル、ダヴィデの3人。このうちダヴィデが最もボリュームを割かれています。

上下巻ある『列王記』は、その名の通り王の活躍を描いています。上巻はダヴィデ王の治世の終わりからアハズヤ王の治世の終わりの100年以上を記し、後半はイスラエル王国がふたつに分裂したことが記されます。下巻は北のイスラエル王国と南のユダ王国について書かれています。

登場人物

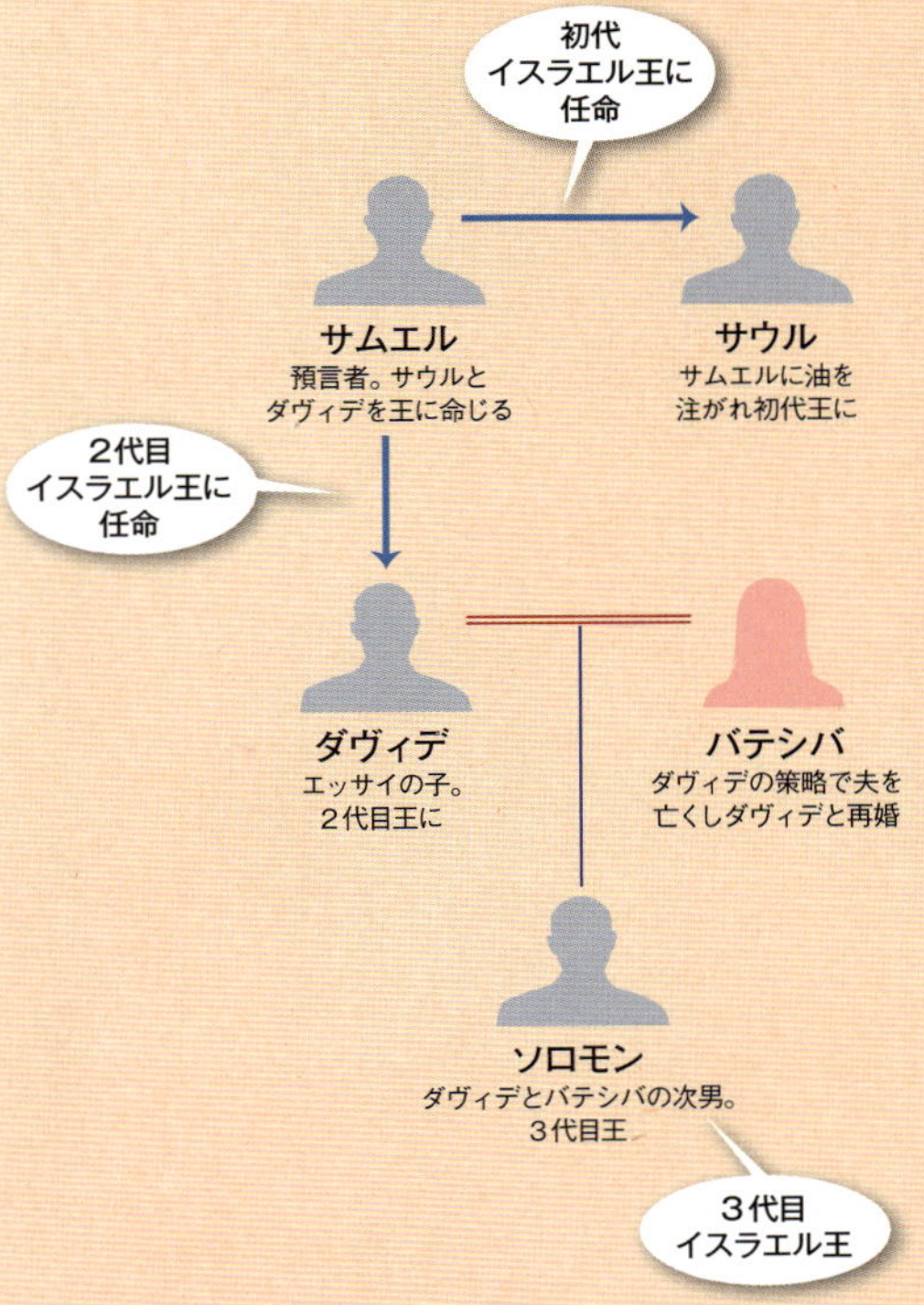
初代
イスラエル王に
任命
サムエル
預言者。サウルと
ダヴィデを王に命じる
サウル
サムエルに油を
注がれ初代王に
2代目
イスラエル王に
任命
ダヴィデ
エッサイの子。
2代目王に
バテシバ
ダヴィデの策略で夫を
亡くしダヴィデと再婚
ソロモン
ダヴィデとバテシバの次男。
3代目王
3代目
イスラエル王

イスラエル王国の初代王サウルが誕生！

『サムエル記』は『士師記』『ルツ記』の次に位置されています。

130ページでお伝えした通り、『士師記』は王が不在の200年の間に、イスラエル人が危機に陥ったときに助けに行った12人の士師の話を記したものです。

士師は、いわば〝臨時のリーダー〟ですし、イスラエル全土を治めていたわけではなく、あくまでも局地的な指導者でした。

しかし外国の脅威にさらされ、武力衝突が激しくなると、イスラエル人は他国同様、王政への移行を求めるようになり、初代サウル王、第2代ダヴィデ王、第3代ソロモン王が立てられることになります。『サムエル記』はこのうち、人々が王政を望み始めた頃からダヴィデ王の代までを記録しています。

ペリシテ人と武力衝突

『サムエル記』の時代、イスラエルはメソポタミアやエジプトなど隣国との関係は落ち着いていました。ならばどこと武力衝突していたかというと、ペリシテ人です。

『士師記』でもイスラエルの敵として登場し、怪力サムソンも戦ったペリシテ人ですが、最も深く関わっているのはイスラエルの初代サウル王からダヴィデ王の時代です。

ちなみに、旧約聖書に最初にペリシテ人が出てくるのは『創世記』です。ノアの箱舟に登場したノアの3人の息子のうち、ハムの息子が4人記されていますが、このうちエジプトの子孫として記録されています。

ペリシテ人は、イスラエルがカナンの山岳地帯に定住。農耕生活を始めた頃と同じぐらいの時期に、東地中海の海岸一帯に勢力を拡大し、沿岸部の都市を拠点にしてイスラエルの前に立ちはだかったと言われています。

ちなみに、現在のパレスチナという地名はペリシテの名前に由来しています。

おごり高ぶったサウルを見放したサムエル

『サムエル記』の名前にもなっているサムエルは、祭司エリに仕えて成長し、士師としてペリシテ人と戦ってきました。

しかし後継者選びのときにイスラエルの長老らは、イスラエル全土を治めることができる王政を求めます。

『サムエル記』には、サムエルが初代イスラエル王のサウルを選出するまでのエピソードも記されています。

ヨルダン川の西方の山岳に住んでいたサウルは、ある日、父の命令でいなくなった数頭のロバを探しに出かけます。ロバは見つからず途方に暮れる中、サムエルを訪ねます。サムエルは、神のお告げでサウルが現れるのを知っていました。サウルを一目見たサムエルは彼こそ神が選んだ王だと思い、神の指示に従ってサウルに油（オリーブオイル）を注ぎました。「油を注ぐ」という行為は神に仕える者として認定する儀礼を指します。

こうして30歳でイスラエルの初代王となったサウルは、ペリシテ人の攻撃に対抗し勝利を収めます。しかし何度も勝つうちに自身の力を過信し、私腹を肥やしはじめます。サムエルは激しく怒り、サウルに見切りをつけて神の命で新しい王を探します。

そして、ベツレヘム村の外れに住む少年に目をつけ、彼の頭に油を注ぎます。彼こそが次期王になるダヴィデです。

サムエルに見捨てられたサウルは、連日連夜悪霊に悩まされてうなされます。サウルの心を静めるためにやってきたのは、ダヴィデでした。彼は竪琴の名手でもあったのです。サウルはダヴィデの竪琴の音色に癒され、ダヴィデを王宮に招き、夜ごと竪琴を弾かせました。その後、ダヴィデの活躍とダヴィデとサウル王との確執、サウル王の死へと話は続いていきます。

ソロモン王の繁栄が綴られた『列王記』

初代サウル王、2代目ダヴィデ王、3代目ソロモン王のうち最も繁栄したのがソロモン王です。そのソロモン王の治世について記されているのが『列王記』です。

『列王記』は上下巻に分かれ、ソロモン王について述べられているのは上巻の一部です。ソロモン王の死後は、イスラエルは南ユダ王国と北イスラエル王国に分裂しますが、それぞれの歴代の王の治世を記録しています。南ユダ王国は20人の王が、北イスラエル王国は19人の王が登場します。

ソロモン王の死により王政に陰りが見えはじめると、神の求心力も弱まってきます。このあたりから、エリヤをはじめとする預言者が活躍する時代がはじまります。

王政　聡明な預言者サムエル

エルサレムの北方に広がるエフライムの山地に、長い間子どもに恵まれずに悩んでいたハンナという女性がいました。ハンナは、「子どもを授けてくれるなら、その子を一生神に仕えさせます」と誓いを立てました。神はハンナを憐れみ、彼女はサムエルという男の子を産みます。

サムエルが乳離れする頃、ハンナは祭司エリにこう言います。

「私は以前、ここに立って神に誓いを立て、神は私の願いを聞き入れてくれました。私は約束通りサムエルを神に委ねます」

エリに仕えて成長したサムエルは、ある晩、自分を呼ぶ声で目が覚めます。

サムエルはエリのもとに走っていきますが、エリはサムエルを呼んでいません。その声は神の声だったのです。神は、エリの2人の息子の悪行をこらしめるため、エリの家に災いを起こすと言います。それは現実となり2人の息子は死んでしまいます。

その晩からサムエルは、神の声を聞き、人々へ伝える預言者になりました。

当時、イスラエル人はペリシテ人の侵略に苦しんでいました。あるときはペリシテ人に「契約の箱」を奪われてしまいます。しかし、「契約の箱」は各地でペリシテ人に災いをもたらし、7か月でイスラエル人のもとに戻ってきました。その後もペリシテ人は執拗にイスラエルに攻撃をしかけます。戦いは、勝利と敗北の繰り返しでした。

サウルに一目惚れしたサムエル

時は流れ、年老いたサムエルは後継者を決めます。イスラエルの長老らは、ペリシテ人との戦いに負けることがあるのはそれを指揮する王がいないからだと考え、王を立ててほしいと強く求めました。

サムエルは王政に反対します。人々を支配できる絶対の神は1人だからです。王をつくると、いつしかその人物が神のごとくふるまってしまうことを懸念したのです。しかし、長老たちの意思は固く、サムエルは王にふさわしい人物を探すことになりました。

ある日、サウルに会ったサムエルは、彼を見た瞬間に気に入ります。サムエルはサウルの頭に油を注いで王になる儀式を行いました。サウル王誕生の瞬間です。

名画で見る

世界中で愛される信仰心の姿

《幼きサムエル》ジョシュア・レイノルズ

両手を合わせて跪き見上げているとても愛くるしい少年というにはまだ幼い男の子。視線の先には、まるで雲から差し込むような光が見えます。その表情からは、なにかを聞き取ろうとしている真剣な様子が分かります。

これは、イスラエル初の王を選定するという重要な役割を果たした預言者サムエルの幼児時代を描いた作品です。幼くして祭司エリに預けられたサムエルは、ある日誰かが自分を呼ぶ声を聞きます。声の主はエリだろうと思い、彼のもとへ駆けつけると、違うと言われる。こんな事態が1日に3回もあり、いい加減おかしいと思ったのはエリでした。次に呼びかけられたら「主よ、お話しください。私は聞いています」と言うように指導します。育ての親と神の声が区別できないのか不思議な気もしますが、そこはご愛嬌。このストーリーは、サムエルの純真さも語っているのです。

そんな純粋無垢な幼い子どもの信仰心をなんとも愛くるしい表情で描き出したのは、

18世紀イギリスの画家レイノルズです。どんな人物でも上品で親しみやすく描いた作風で、一躍時の人となりました。本作は今でもポストカードになったり様々な場面で取り上げられる人気作品です。一度は目にしたことがある人も多いのではないでしょうか。ロイヤル・アカデミーの初代会長となったレイノルズは騎士の称号まで授かり、「サー・ジョシュア・レイノルズ」と呼ばれ、英国美術界の権威として君臨しました。

ジョシュア・レイノルズ(1723-1792)
《幼きサムエル》1776年頃
油彩、カンヴァス　89×70cm
テート・ギャラリー(ロンドン)

サウル王　神を軽んじ、見放される

サウルが、イスラエルの人々から支持されるようになったのは、ある出来事がきっかけでした。

ヨルダン川の東岸の街がアンモン人に包囲されたときのことです。町は降伏の意思を示しているのに、アンモン人は攻撃をやめず、人々の右目をえぐりとろうとしました。これに怒ったのがサウルです。彼は、まずは身内を結束させるため、イスラエルの各部族に、「サウルに従わないとどうなるか」を分からせるため、〝見せしめ〟として切った牛を送りつけ驚かせます。おかげで部族の結束は固まり、イスラエル全土から兵士を集めて東岸の街を奪い返すことができました。

サウルはこの勝利で人々から支持を集め、イスラエルの初代王になります。

ペリシテ人の脅威とも戦いました。彼らは鉄器が使え、軍隊を持っていました。サウルも3000人の兵を集め、ペリシテ人に攻撃をしかけます。

この戦いには勝利しますが、サウルはサムエルから7日間待てと言われたのにそれを無視して捧げ物の儀式を勝手に行うなどしたため2人は対立。サムエルはサウルを非難しました。

あるときはアマレク人の処遇についても、サムエルは人も家畜もすべて殺してしまうように言ったのに、サウルは敵の王の命を救い家畜も殺しませんでした。

サウルは何度も勝つうちにおごり高ぶった人間になってしまったのです。王の座にあぐらをかき、神を軽んじるようになりました。

いよいよ神の命令も無視したので、サムエルはサウルに見切りをつけます。

サウルの次期王として目をつけられたダヴィデ

サムエルは王の命でサウルに代わる王を探しはじめ、ベツレヘムで羊飼いをしていた8人兄弟の末っ子ダヴィデを見つけます。

その様子について、「彼は健康そうな血色と鋭い眼を持ち、容姿も立派だった」と記されています。サムエルはダヴィデに油を注ぎます。ダヴィデは、サウルの次期王になることを約束されたのです。

名画で見る

うつと畏怖の悲壮な対峙

《サウル王の前で竪琴を弾くダヴィデ》レンブラント・ファン・レイン

サムエルにより初代イスラエルの王となったサウルは、強大な武力で周辺の国を制していきます。しかし権力と地位により自分の力を過信してしまい、私利私欲のためにやりたい放題。やがて神やサムエルの言うことも聞かなくなってしまいました。そんな彼を神が許すはずはありません。とうとうサムエルにも見捨てられ、精神を病んでしまいます。自分の部屋に引きこもってしまった王を心配した家臣は、ダヴィデを呼び美しい竪琴の音で王の心を癒そうとしました。

レンブラントはうつ状態になったボロボロの姿の王を見事に描き出しています。猫背で下を向いた虚ろな表情に狂気をはらんだような大きく開かれた目。ダヴィデが奏でる竪琴の音に耳を傾けながらも、無気力な様子が伝わってきます。一方のダヴィデは、まだ王宮に呼ばれて間もないのでしょう。王から顔を背けるようにして熱心に演奏しています。そこには、まだ次の王たる風格を見出すことはできません。それもそのはず。つ

レンブラント・ファン・レイン(1606-1669)
《サウル王の前で竪琴を弾くダヴィデ》
1630-31年頃　油彩、板　62×50cm
シュテーデル美術館(フランクフルト・アム・マイン)

いこの間までは一介の羊飼いだったのですから。持ち前の知力と勇敢さでイスラエルの人々の心をつかんでいくのはまだまだ先のお話です。

名画で見る

生首に描かれた最期の自画像

《ゴリアテの首を持つダヴィデ》ミケランジェロ・メリージ・ダ・カラヴァッジョ

カラヴァッジョはその作品のごとく劇的な人生を送り、卓越した画力で後世に絶大なる影響を残した画家です。喧嘩をしては街を逃げ出し、娼婦をモデルに聖母を描いて物議を醸す。それでも光と影が激しくせめぎ合うリアルで美しい彼の絵は大人気となり、手に入れた名声と比例するように一層傍若無人な行動を繰り返すようになります。そしてとうとうある日、乱闘事件で殺人を犯してしまいました。画家が35歳のときです。指名手配されたためにローマを出て、ナポリ、マルタ、シチリアと転々とします。逃亡しながらも作品を描き続けていましたが、激しい気性と生粋の女好きは治らないもの。行く先々で更なるトラブルを起こしていました。1610年、ようやく恩赦がもらえるかもしれないと描いたのが本作です。教皇の甥ボルゲーゼ枢機卿に贈り、恩赦を嘆願しようとしていたと言われています。

たった一発の投石で巨人ゴリアテを倒しその首をはねたというのに、ダヴィデの表情には勝利の喜びはありません。そこに見えるのは、まるで憂鬱や苦悩のよう。カラヴァッジョは斬られたゴリアテの首に自身を重ね、自画像として描いています。かつて犯した殺人という重い罪の意識と後悔があったのかもしれません。しかし、後悔は時すでに遅し。この直後にローマへ帰還することなく、熱病に冒されて39年という短い人生を終えたのです。

ミケランジェロ・メリージ・ダ・カラヴァッジョ
(1571-1610)
《ゴリアテの首を持つダヴィデ》1610年頃
油彩・カンヴァス　125×100cm
ボルゲーゼ美術館(ローマ)

渦巻く嫉妬　サウルの死とダヴィデ王の誕生

ダヴィデはその後もペリシテ軍に勝つなど大きな成果を上げ、サウルの息子ヨナタンもダヴィデのことを慕っていました。サウルもダヴィデをかわいがりましたが、民衆からも人気があるのを目の当たりにしてダヴィデに激しく嫉妬。ヨナタンにダヴィデの殺害を命じますが、ヨナタンはそのことをダヴィデに漏らし、王宮から逃亡させます。

ダヴィデは逃げている途中、敵地ペリシテ軍のところに身を潜めます。サウルはダヴィデの居場所を突き止め3000人の兵士とともに「ヤギの岩」の前に辿り着きます。サウルがそのほら穴に用を足すために足を踏み入れると、奥にいたダヴィデとその兵たちに取り囲まれます。しかし、サウルをすぐさま殺せる状態にもかかわらず、ダヴィデは「神が選んだ人にそんなことはできない」と殺しませんでした。

サウルはイスラエル最終戦に臨む前日、降霊術を使って亡きサムエルを呼び出します。それが左の絵です。サムエルは、彼と息子がこの戦いで死ぬこと、ダヴィデが王国を継承することを預言します。実際、サウルは戦死（自決）します。ヨナタンも討たれて死んでしまいます。ダヴィデは、訃報を知ると深い悲しみのため自分の衣をつかんで引き裂き断食して彼らの死を悼みました。その後、サウルの息子が王位を継ぎましたが内乱状態になってしまいます。ダヴィデはそれを鎮圧し、やがてイスラエル全土の王になるのです。

白い衣で美しく輝くサムエルの霊が発した死の預言に打ちのめされ、暗闇に這いつくばるサウル。魔物を従えた上半身裸の人物はサムエルを呼んだ女霊媒師。

サルヴァトール・ローザ(1615-1673)
《エン・ドルの口寄せの家でサウルに現れるサムエルの霊》1668年頃
油彩、カンヴァス　273×193cm
ルーヴル美術館(パリ)

名画で見る

《ダヴィデに合図を送るヨナタン》フレデリック・レイトン

唯一賛美された、美しい同性愛

ソドムの街、泥酔したノアなど、旧約聖書には同性愛を罪とする記述がありますが、ダヴィデとサウルの息子ヨナタンのお話は、唯一賛美されている男性同士の愛の物語です。「美しい目を持つ容姿端麗」なダヴィデに10歳ほど年下のヨナタンは一目惚れしました。余談ですが「神は人を外見ではなく内面で判断する」と聖書に書かれているにもかかわらず、登場する英雄は揃いも揃ってみな容姿端麗です。しかし、そのおかげもあって現代まで残る美しい作品が数多く制作されたのでしょう。話を戻しますと「ヨナタンの魂はダヴィデの魂と結びつき、まるで自分自身のようにダヴィデを愛した」ほどヨナタンのダヴィデに対する愛は深いものでした。ダヴィデに嫉妬するあまり彼を殺そうとした父サウルを裏切り、ダヴィデを逃がします。

この作品で描かれているのは、王の本心を矢を射つことによってダヴィデに知らせようとするヨナタン。遠くを見つめる視線の先には、愛するダヴィデが隠れているのでし

フレデリック・レイトン(1830-96)
《ダヴィデに合図を送るヨナタン》
1868年　油彩、カンヴァス
171.5×124.5cm
ミネアポリス美術館(ミネソタ)

ょう。どこかしら不安気な様子。もちろん聖書に描かれているのはあくまでも友情としての物語ですが、裸の美少年従者を連れている姿はまるで同性愛を暗示しているようにも思えてきます。このあと逃亡したダヴィデと密かに会ったときには「互いに口づけし、共に泣いた。ダヴィデはいっそう激しく泣いた」ほど。ここまで自分のために尽くしてくれたヨナタンをダヴィデも深く愛し、ヨナタンの死を聞いたときには断食をして自分の愛を示したのです。

賢王ダヴィデ凋落　バテシバの魔力

紀元前993年、ダヴィデは南イスラエルのユダ族の王となり、やがて北方イスラエルの10の部族を統合し、ついにイスラエルを統一します。領土も拡大するなど目覚しい活躍を見せました。温かい人柄は、イスラエルに平和をもたらしました。

しかし、ダヴィデも人間でした。ある春の夕暮れ、休息していたダヴィデは王宮の屋上に出て外界を見下ろすと、たまたま水浴びしていた一人の美しい女性の肢体に釘づけになります。ダヴィデの心は波立ち、感情を抑えきれず宮殿に召し入れて関係を結んでしまいます。

美女の名は、バテシバ。ダヴィデの家臣ウリヤの妻でした。ダヴィデはウリヤが戦場から帰還するや、さらにハードな激戦地に送り戦死させてしまいます。未亡人となったバテシバを王宮に迎え入れました。

ダヴィデに仕える預言者ナタンは、「あなたは神を侮ったので生まれる子は必ず死ぬ」と、ダヴィデに罰が下ることを伝えました。結果、バテシバが身ごもった子は生後7日で死んでしまいました。左の絵はレンブラントの描いたバテシバです。魅力あふれる彼女は、絵画の格好の題材に。その他著名な画家たちも、こぞってバテシバを描いています。

当時は三段腹も美女の条件だった。右の腕輪は高級売春婦の意。モデルは作者の内縁の妻であり、アムステルダムの教会から激しく糾弾された2人の関係は、主題と重なる。

レンブラント・ファン・レイン
(1606-1669)
《バテシバの水浴》1654年
油彩、カンヴァス　142×142cm
ルーヴル美術館(パリ)

名画で見る

《ダヴィデとバテシバ》ルーカス・クラナッハ

画家を魅了し続けた不倫の結末

不倫をしでかした男女がどのような結末を辿るのか。罪を隠すために殺人まで犯した悪名高いカップルは、多くの画家を魅了した題材でした。偉大な王が理性を失うほどの相手はさぞや天性の悪女であっただろうと、そのほとんどが魅惑的な裸体のバテシバを描いたものです。悪いのは美しすぎる美貌で性的欲望を刺激する娼婦のような女で、誘惑された男はあくまでも犠牲者なのだと、いつの間にかどこかで聞いたことがあるようなストーリーに美術界では仕立てあげられてしまったようです。

しかし、あくまでも男の愚かさを滑稽に描き出したのがドイツ・ルネサンスを代表するクラナッハ。愛くるしく妖艶な裸体画で人気を博したクラナッハですが、誰もが裸体で描くバテシバにはしっかりと洋服を着せました。そのかわり、美しくかわいらしい脚を曝け出し、召使に洗わせています。その脚のちょうど真上には、建物の上から覗き込んでいるダヴィデ。手に竪琴を持っているのは、ダヴィデだと示すためでしょう。ここ

ルーカス・クラナッハ(1472-1553)
《ダヴィデとバテシバ》1526年　油彩、パネル
38.8×25.7cm　ベルリン絵画館(ベルリン)

ピカソは本作にインスパイアされた版画を何バージョンも残している。簡潔化された作品は、愚かな王の姿を強調しているかのようにも見える。

パブロ・ピカソ(1881-1973)
《ダヴィデとバテシバ》1947年
リトグラフ　64.7×48.4cm
シュプレンゲル美術館(ハノーファー)

で音を出してしまえば覗きがバレてしまいますから。その姿は恰幅のいい中年として描かれ、容姿端麗な美少年の面影はありません。生粋の脚フェチが理想の足首を見つけてしまった。そんな瞬間です。20世紀の巨匠パブロ・ピカソは、この絵の魅力に惹かれたひとり。同じ構図の版画を多数制作しました。

ソロモンの審判　神の知恵を願う

ダヴィデは17人の妻と腹違いの子どもたちがいましたが、バテシバとの2人目の子どもソロモンを後継者に指名すると一線を退きます。

ソロモンは当時、まだ20代。ある夜、神がソロモンに願い事を尋ねると「国がよりよく治められるように善悪を判断する知恵が欲しい」と答えます。私欲に走らずイスラエル人を思いやる姿勢が立派でした。

ソロモンが知恵のある人物だと分かるのが左の絵《ソロモンの審判》です。同時期に子どもを産んだ遊女2人のどちらかが誤って赤ちゃんを死なせます。2人はソロモンに「今、生きているのがわが子です」と主張します。そこでソロモンは、剣を持って来させ「生きている子を2つに裂き1人に半分を、もう1人に他の半分を与えよ」と命じます。生きている子の母親は、その子を哀れに思うあまり「王様、お願いです。この子を生かしたままこの人にあげてください。この子を絶対に殺さないでください」と言いま

ソロモンを中心に左右に配置された娼婦たち。積極的に兵士へ子どもを差し出す女に対し、胸に手をあてて悲痛な表情の女。どちらが本当の母親かは一目瞭然だ。

ヴァランタン・ド・ブローニュ
(1591-1632)
《ソロモンの審判》
1625年頃
油彩、カンヴァス
176×210cm
ルーヴル美術館(パリ)

す。しかし、もう1人の女は「この子を私のものにも、この人のものにもしないで裂いて分けてください」と言います。

ソロモンは宣言を下します。「この子を生かしたまま、先の女に与えよ。この子を殺してはならない。その女がこの子の母である」と、みごとな裁きをくだしたのでした。

名画で見る

《ソロモンの審判》 輝ける画家と言わしめた壮大なスケール

ジョヴァンニ・バッティスタ・ティエポロ

この絵のテーマは、ソロモンが知恵者であることを示す最も有名なエピソードです。赤ん坊が自分の子であると主張する2人の母親に対し「生きている子を半分に裂いて平等に分け与えなさい」と命じて真の母親を探し当てます。画面左には、剣を振り上げいまにも赤ん坊を裂こうとする従者とそれを必死で止める本当の母親がいます。聖書の記述にはない見物人たちが描かれているのは、華やかさを出すためでしょうか。場も室内ではなく屋外の情景になり、ソロモンの前に配置されている斜めの階段が、上へと見上げる奥行感を一層増したものにしています。

作者のティエポロは、ヴェロネーゼ（P105）の豊かな色彩を学び、卓越した素描の技術で大作を生み出した画家です。1726年、ティエポロは人生初の大規模注文を受けました。それは大司教のためにウーディネの宮殿と大聖堂にフレスコ画を描くこと。明るい色調の透明で軽やかな作品たちは、建築と一体化して空間を華やかに広げ、

ジョヴァンニ・バッティスタ・ティエポロ(1696-1770)
《ソロモンの審判》1726-29年　フレスコ　360×655cm
ウーディネ大司教館(ウーディネ、イタリア)　©Elio Ciol/Corbis

たちまち評判になりました。「輝ける画家」と呼ばれたほど壮大なスケールの傑作を生み出したのです。本作はそのなかの一つ、大司教館に描かれた作品です。下から見上げるような構図は、天井に描かれているため。鑑賞者が下から見上げると、天井の上にまで空間が広がっているような感覚になります。当時は、壁の向こうに風景が広がっているような構図など、このようにだまし絵的に空間を大きく見せる絵画が流行していました。

名画で見る

主役はあくまで海と太陽が生み出す風景

《シバの女王の乗船》クロード・ロラン

知恵者であるソロモンに謁見するため遠方から訪ねてくる人は後を絶ちませんでした。そのなかでもシバの女王は、特別なエピソードとして語られています。シバ国というのは具体的にどのあたりにあったのか、定かではありません。エチオピアではシバ女王とソロモンの子孫が建国者であると伝承されていますが、これに異議を唱える学者もいます。いずれにせよ、女王は砂漠の中をラクダに乗って何千キロもソロモンに会うために旅をしてきました。

クロードはこのストーリーを理想的風景画として描き出しました。左右に立ち並ぶ建物の中、奥行きのある港が太陽に向かって広がっています。空の大気と水面の波を光が柔らかく映し出しています。そこに小さく描かれた人物たちは重要ではなく、主役はあくまでも海と太陽が生み出す風景。本来ならばラクダとともに砂漠の中を帰っていくはずの女王ですが、なんとも大胆に置き換えられた作品です。実は、オデュッセウスやク

クロード・ロラン(c1604-1682)　《シバの女王の乗船》1648年
油彩、カンヴァス　149.1×196.7cm　ロンドン・ナショナル・ギャラリー(ロンドン)

レオパトラなど様々な題材で同じ構図の作品が残されています。それは、人気のあったスタイルで多くの注文が入ったため。

19世紀イギリスの風景画家ターナー（1775－1851）は、永遠に思える美しい瞬間を描き出した彼を超えようと挑戦し続けたとか。自身とクロードの作品を並べて設置するように指示し、ナショナル・ギャラリーでは今でも2人の作品が一緒に展示されています。

異国の神　女好きが高じて黄金時代に幕

ソロモンは、女好きの一面もありました。正妻以外に７００人の王妃と３００人の側室がいたと言われています。自国の女だけでは満足できず、シドン人、ツロ人、アンモン人などたくさんの外国人の女と結婚し、彼女らに気に入られるため彼女らの国で信仰する神に奉仕しました。精力絶倫は古代ではパワーを象徴していました。

当然、イスラエルの神の怒りに触れます。「やがて彼の国は分裂し、都は家来のものになるだろう」と告げます。（実際、このあと南北に分断されてしまいます）

強制労働や兵役、逃れられない重税などにイスラエル人は次第に不満を募らせました。以後、各地で反乱が起きるようになりました。

ついに部下のヤロブアムが反乱を起こし、ソロモンはどうにか武力で鎮圧しますが、イスラエルの黄金時代は終わりに近づいていました。ソロモンはこの世を去り、それは同時に40年も続けた治世の終わりを意味していました。

セバスティアーノ・リッチ(1659-1734)
《偶像を崇拝するソロモン》1724年
油彩、カンヴァス　128×151cm
サバウダ美術館(トリノ)

若い妻に示されるまま偶像の方へと視線を向ける年老いたソロモン。奥に描かれた青空の広がる背景が、場面の息苦しさを緩和している。

名画で見る

稔やかな色彩の中に放たれる妖艶

《偶像に犠牲を捧げるソロモン》　セバスティアン・ブルドン

年齢などの数にはしばしば誇張気味な傾向にある聖書ですが、700人の王妃と300人の側室とは実際にはこの10分の1だったとしてもものすごい数です。他人の妻を横取りして罰せられたダヴィデの息子ですから、好色な部分も遺伝していたのかもしれません。それにしてもこれだけの数の美女を国内だけで集めるのは難しく、異教徒である外国人が大勢を占めていました。きっと毎日のように若くてかわいい妻たちから改宗をすすめられたのでしょう。父子ともども人々から信頼された賢王の地位を女性問題で危うくしてしまう情けない結果を招いたのです。

これは妖しい美女たちに囲まれながら抗えずに偶像を崇拝してしまうソロモンを抒情性豊かに描いた作品です。ソロモンの視線に沿うように、画面の右側から彫像に向かって上昇するように構成されている構図が奥行感とスケール感を増す効果を与えています。作者のブルドンは、ニコラ・プッサン（1594－1665）に傾倒しイタリア滞

セバスティアン・ブルドン
(1616-1671)
《偶像に犠牲を捧げるソロモン》
1646-47年頃　油彩、カンヴァス
156×145cm
ルーヴル美術館(パリ)

在でイタリアの絵画様式を学びました。しなやかな人物像、穏やかな色彩、四方に広がる光などは、ローマ派の絵画の影響と言われています。この作品は、後にトゥールーズ館と呼ばれたオテル・ド・ラ・ヴリリエール（現在のフランス銀行）の暖炉の上に飾られていました。のちにフランス革命で押収されて現在はルーヴル美術館の所蔵となっています。

Column 4

キリスト教と絵画の歴史——産業革命から19世紀のイギリス

格差社会の出現に高まる不安

19世紀、1770年代からの産業革命の進展により工業化が進んだイギリスでは、都市の在り方や人々のライフスタイルが大幅に変貌していました。急激な経済成長のなかで、労働の変化と格差に市民たちは精神的な豊かさが失われていることへの不安を抱きはじめます。こうした社会に警鐘を鳴らしたのが、オックスフォード大学で教鞭をとっていた評論家のジョン・ラスキンです。近代化を遂げていく都市を目の当たりにして「神が創造した自然をそのままに再現するべき」と主張しました。当時のロイヤル・アカデミーはルネサンスの巨匠ラファエロを芸術の最高峰としていましたが、ラスキンに賛同した若者たちはラファエル以前、つまり中世や初期ルネサンスにこそ習うべきとの思想を掲げて「ラファエル前派兄弟団」というグループを結成します。ここに参加したのは、ダンテ・ゲイブリエル・ロセッティ（1828–1882）、ジョン・エヴァレット・ミレイ（1829–1896）らを中心とする画家たちでした。

本書にも掲載してあるように、聖書を題材とした多くの作品を残しています。人数も少なくグループとしての活動期間は短かったものの、彼らの周辺にはウィリアム・モリス（1834−1896）、エドワード・コリー・バーン＝ジョーンズ（1833−1898）など、のちに装飾美術や工芸の分野で才能を発揮する人物が集まりました。

　これらの活動は安価な大量生産に反旗を翻し中世の手仕事を模範として芸術と生活の一致を志したアーツ・アンド・クラフツ運動へとつながっていきました。

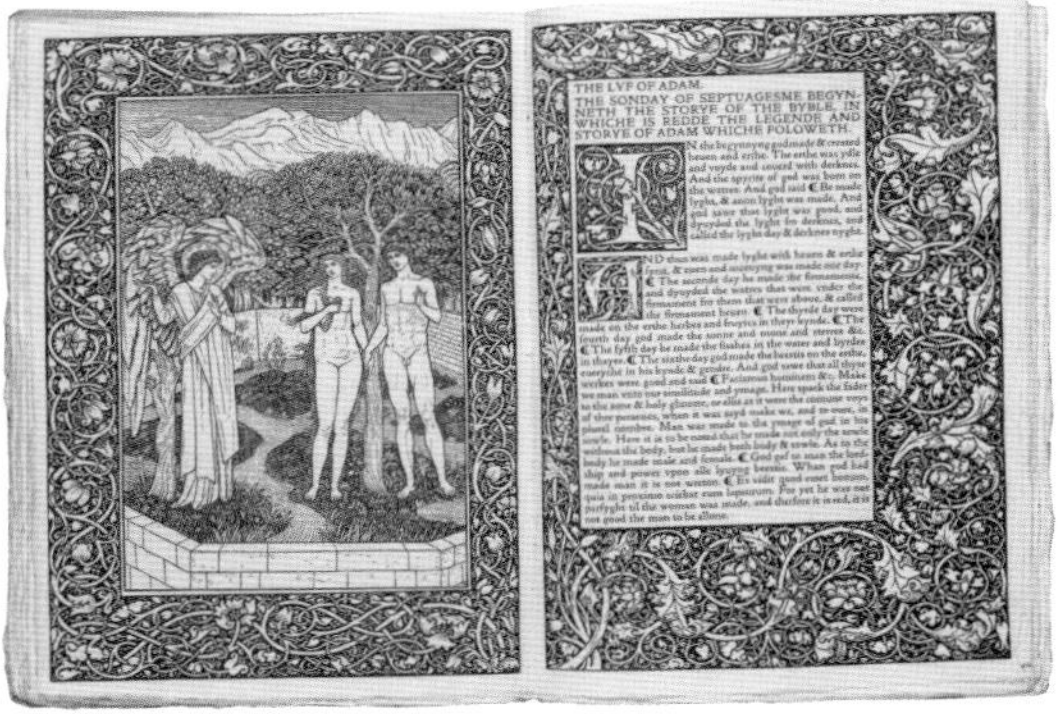

「アダムとイヴ」が描かれた1頁。装丁をウィリアム・モリス、挿画はエドワード・バーン＝ジョーンズが担当した。甘美なタイポグラフィとラファエル前派の優雅な作風が完璧な融合を見せたモリスの最高傑作。

ウィリアム・モリス　《チョーサー作品集》1896年
ケルムスコット・プレス刊

第5章

『列王記(下)』『歴代誌(下)』『預言書』ほか
王国の盛衰と預言者

イスラエルの南北分断と預言者の活躍

『列王記』の下巻で最も大きな話がイスラエル王国の分断です。イスラエル王国は、3代目ソロモン王のときに栄華を極めますが、ソロモン亡きあと北のイスラエル王国と南のユダ王国に分断される話が記されています。

まず北のイスラエル王国が、次いで南のユダ王国が滅亡します。

さらにユダ王国からは多くのイスラエル人らがバビロニアに連行される、「バビロン捕囚」がありました。

『歴代誌』は、旧約聖書におさめられたユダヤの歴史書です。上下巻あるうちの下巻はイスラエルが南北に分裂した頃の歴史が記されています。その他、本章ではエリヤ、イザヤをはじめ預言者として活躍した人を記した各預言書も取り上げています。

南北イスラエル時代の預言者たち

南ユダ王国

レハブアム

ソロモンの長男。
イスラエル分裂後、
南の王になる

敵対

北イスラエル王国

ヤロブアム

レハブアムから離れ
10部族のリーダー
になる

	南ユダ王国	北イスラエル王国
1	レハブアム	ヤロブアム1世
2	アビヤム	ナダブ
3	アサ	バシャ
4	ヨシャファト	エラ
5	ヨラム	ジムリ
6	アハズヤ	オムリ
7	アタルヤ	アハブ
8	ヨアシュ	アハズヤ
9	アマツヤ	ヨラム
10	ウジヤ	イエフ
11	ヨタム	ヨアハズ
12	アハズ	ヨアシュ
13	ヒゼキヤ	ヤロブアム2世
14	マナセ	ゼカルヤ
15	アモン	シャルム
16	ヨシヤ	メナヘム
17	ヨアハズ	ペカフヤ
18	ヨヤキム	ペカ
19	ヨヤキン	ホシエア
20	ゼデキヤ	

婚姻関係（南4 ヨシャファト ― 北7 アハブ）

預言者 エリヤ（北7 アハブ～8 アハズヤ）
イスラエル王国
7代王アハブの
異教信仰に異を
唱え干ばつを起こ
し雨を降らせた

預言者 エリシャ（北9 ヨラム～12 ヨアシュ）
エリヤの後継者。
様々な奇跡を起こす

預言者 イザヤ（南10 ウジヤ～14 マナセ）
ユダとエルサレム
の復興と滅亡を
預言

預言者 エレミヤ（南16 ヨシヤ～20 ゼデキヤ）
王国の滅亡を
預言し民衆に悔い
改めるよう説いた

預言者 エゼキエル（南19 ヨヤキン～20 ゼデキヤ）
バビロン捕囚民に
苦難が終わること
を預言

イスラエル王国の滅亡までの道

イスラエル王国が王政になって最も繁栄したのが3代目のソロモン王。当初は神を崇め神に愛されていましたが、次第に欲にまみれ外国の女性を多く妻に迎え、その妻が信仰する異教を崇拝したり、偶像崇拝するようになりました。この時点ですでに神は、イスラエル王国は分裂すると予告していました。

ソロモン王が亡くなってからあとを継いだ息子レハブアムについて、12部族の中で快く思わない人はたくさんいました。

レハブアムは、「多くの民がつらい思いをしている」という長老たちの意見に耳を貸そうとせず、イスラエル人へさらに税金を課し、労役も重くすると言うのです。すべては、贅沢な宮廷生活を支えるため。そのせいで多くの民がつらい思いをしているという感覚がピンとこないのでしょう。

そもそも王にふさわしい器ではなかったわけですが、レハブアムのせいで12部族は意見が分かれ、結局、サウルの時代から90年ほど続いたイスラエル王国は南北に分断されてしまいます。北は、北の10部族が支持する国。名前はこれまで通り「イスラエル王国」です。南は、残り2部族が支持する「ユダ王国」という名前になりました（P180）。

神の意にそむくことばかりやった北イスラエル

南北に分かれたイスラエルは、北のイスラエル王国の方が先に滅びます。

これには理由があり、北イスラエルは建国後まもなく神の意にそむき始めたのです。金の子牛像をつくって偶像崇拝を奨励する、律法にそむく、異教信仰を広めるなど十戒に反することばかりしたので早いうちに神の加護は消えました。国の滅亡は時間の問題だったのです。

一方、南のユダ王国は比較的安定していましたが、12代アハズ王のとき、周辺国と対立し、敵対していたはずのアッシリアに助けを求めました。

これを非難したのが、3大預言者の一人イザヤでした。

ここからは、神と接触して直接聞いた言葉を人々に伝え広める預言者と呼ばれる人たちの話に移ります。

国が乱れている時期に活躍する預言者

たいてい預言者が活躍するのは、動乱の真っ只中です。

この時期のイスラエル王国は、イスラエル民族史上の中でも過酷な時期です。先も述べた通り、イスラエル王国は南北に分断され、北のイスラエル王国は滅んでしまいます。南のユダ王国は、何度か危機的状況を迎えますが、預言者イザヤの忠告やアドバイスで脱してきました。

しかし、新興国バビロニアがアッシリアを滅ぼすと、今度はユダ王国にその矛先が向かいます。結局、紀元前６０５年、ユダ王国はバビロニアの支配下に置かれ、捕囚として多くのイスラエル人らが相手国に連行されてしまうなど民族存亡の危機が続きました。このときは、預言者エゼキエルが神への信仰を説き、ユダヤ民族の意識を統一させたとされています。

旧約聖書の中には、預言者の発言をまとめた「預言書」と呼ばれる書はたくさんありますが、先に述べたイザヤ、エゼキエルの他、エレミヤは3大預言者と呼ばれ、それぞれの名前をとった『イザヤ書』『エゼキエル書』『エレミヤ書』は3大預言書とされています。

激動の状況下で神の言葉をそのまま伝えると、内容によっては強烈な政治批判になるときもあります。預言者は、逮捕される、最悪の場合は命を奪われることもあるなど文字通り「命がけ」で神の言葉を伝える使命がありました。

多くの預言を語ったイザヤ、孤立しながらも神を信じたエレミヤ、奇行が目立つもののバビロン捕囚の人が心の拠り所にしたエゼキエルなど、個性的な預言者の性格の違いに注目しても面白いと思います。

ちなみに新興国バビロニアは、40年足らずでペルシアの属州になりました。それを契機に捕囚になっていたイスラエル人は、紀元前538年に解放され、エルサレムに帰ることができました。

また204ページに登場する預言書『ヨナ書』などはその物語性に富んでいるところも見逃せません。

主人公は大きな魚の中で3日間過ごします。有名なピノキオの物語はこのシーンがもとになっています。

名画で見る

《黄金の子牛に生贄を捧げるヤロブアム》ジャン・オノレ・フラゴナール

ロココの人気者が20歳で描いた歴史画

ソロモンの死後、ひとつの王国だったイスラエルは、ヤロブアムを王とする北のイスラエル王国とレハブアムを王とする南のユダ王国に分裂しました。十戒の石板が納められた契約の箱がある聖地エルサレムはユダ王国の首都。北部イスラエル王国の人々も、礼拝のためにエルサレムへ通うようになります。そのうちみんながユダ王国に翻ってしまうのではないかと心配したヤロブアムは、黄金の子牛像をつくり聖地を定めようと思いつきました。しかし、これは唯一絶対の神が禁じた偶像崇拝。神が黙って見過ごすはずがありません。

この絵の作者は、18世紀マリー＝アントワネット全盛期のロココ絵画で人気となったフラゴナールです。ロココというのは、ロカイユ（貝殻装飾）が語源。曲線を多用した装飾性の高いライン、明るく華やかな色彩、優雅で甘美な表現、ベルサイユの世界そのままに華やかに表現された「雅宴画」などが特徴です。フラゴナールの作品は、男女が

ジャン・オノレ・フラゴナール(1732-1806)
《黄金の子牛に生贄を捧げるヤロブアム》1752年　油彩、カンヴァス　115×145cm
エコール・デ・ボザール(パリ)　ⓒwww.bridgemanart.com

室内で密会するロマンティックな場面を描いた「閨房画《けいぼう》」が有名ですが、歴史画の大作も手掛けていました。本作を描いたのは弱冠20歳のとき。この作品でローマ賞を受賞し、念願のイタリア留学で技術に磨きをかけました。手を合わせ天を向いているのがヤロブアム、右手には無理矢理連れてこられ、これから生贄にされる男性がいます。まだ華やかさはありませんが、不穏な空気が漂う画面からは、壮大なスケールを感じることができます。

名画で見る

聖書の時代をオリエンタルに演出

《エリヤと寡婦の子》フォード・マドックス・ブラウン

予言者エリヤは北イスラエル王国を第7代アハブ王が統治していた時代に、アハブの妻が推進した異教にひとりで立ち向かい、神の教えを説いた人物です。戦いの方法は知力でも腕力でもない奇跡。神の力を示すために、貧困にあえいでいた未亡人に小麦粉と油がつきることなく湧き出る器を施したり、火を使わずに雄牛を焼いたり、それは壮大な奇跡を起こしてまわります。この作品で描かれているのもそんな奇跡のひとつ。神のお告げによって向かった家で、亡くなった病気の息子を生き返らせたのです。この人知を超えた出来事は、人々の心に大きな衝撃を与えたことでしょう。新約聖書では、神の子キリストが同じような奇跡を起こしたとき、人々は預言者エリヤの再来だと認識した、と書かれています。

この絵の作者ブラウンは、19世紀イギリスの画家です。当時のアカデミーはラファエロこそ芸術の真骨頂であるという方針をとっていましたが、ラファエロ以前の芸術にこそ学ぶべきと権威に対し反旗を翻した若者たちが「ラファエル前派兄弟団」という集団を作りました。ブラウンはメンバーではありませんでしたが、彼らと交流を持ち同じ志を持っていました。控えめな装飾、そしてオリエンタルな布や階段が、聖書が描かれた当時の雰囲気を醸し出しています。舞台美術のごとく描く場面をつくり上げてモデルを配置し、実際に見ながら描くラファエル前派の手法がここでもとられていたのかもしれません。

フォード・マドックス・ブラウン(1821-1893)
《エリヤと寡婦の子》1868年　水彩　94×61cm
ヴィクトリア・アンド・アルバート美術館
(ロンドン)

天にのぼったエリヤ

奇跡と後継者エリシャ

大勝利をあげたエリヤでしたが、激怒したイゼベルを恐れて逃亡し、40日間歩き続け、モーセが十戒を授かったシナイ山にやってきます。大勝利を成し遂げても自分の命は狙われる。断食をして死を待つエリヤに神はこう言います。「エリヤよ、そこで何をしている」と。エリヤは我に返り、神のお告げを聞いて再びバアル神の信者と戦い続けることを誓うのです。

エリヤは数々の奇跡を起こしますが、死ぬ際も神秘的でした。弟子のエリシャと歩いていたら、突然、火の馬に引かれた火の戦車が天から現れ連れ去られたのです。死ぬ前に天に引きあげられるのは聖書の中でも特異です。

ところで、エリヤの弟子のエリシャも数々の奇跡を起こします（左ページ参照）。エリヤの昇天の直後、師を象徴する毛皮の衣が落ちてきます。

最初の奇跡は、その衣でヨルダン川をふたつに分けたこと。この行為で預言者仲間からエリヤの正式な後継者として認められました。

エリシャの起こした主な奇跡

イスラエルを代表する預言者の中でも、数々の奇跡を起こしたことで有名。

1 エリシャがエリヤの毛皮の衣で川を打つと、川がふたつに分かれた。

2 エリシャが水源に塩を投げると水が浄化された。

3 油の量を増やして未亡人とその子どもたちを貧困から救った。

4 エリシャに親切にしたシュネムの夫婦のために彼らの子どもを生き返らせた。

5 煮物に毒が入っていたため麦粉で清めた。

6 パン20個と1袋の穀物を100人の人が食べきれないほどの量に増やした。

7 アラム軍の司令官ナアマンを襲った皮膚病を、ヨルダン川の水を使って治療した。

8 友人がヨルダン川に落とした斧を水面から浮かび上がらせた。

9 アラム軍に街を包囲されたとき、恐れる従者に神の加護を見せた。

名画で見る

火の戦車はギリシア神話の影響

《火の戦車で天にのぼるエリヤ》ジュゼッペ・アングリ

様々な奇跡で人々の信仰心を唯一絶対の神へと取り戻した預言者エリヤは、人生の最期の瞬間も劇的なものでした。絵画の世界では火の戦車に乗せられて天へと昇るエリヤの姿が多く描かれています。一説にはギリシア神話に登場するアポロン信仰の影響とも言われています。

突然嵐の中から現れた火の戦車に乗せられ、そのまま天へと昇るエリヤ。それを目の前で見ていたのは、後継者に任命された愛弟子エリシャです。戦車から落ちてきたエリヤの外套を受け取り、奇跡を生む力を継承しました。下から見上げるように描かれたエリヤと控えめに描かれた海と緑が、壮大なスケール感を生み出しています。

この絵は、ヴェネツィア絵画アカデミーの会長を務め、ヴェネツィア派の復興に力を注いだジョバンニ・バッティスタ・ピアツェッタ（1683-1754）によるものとされていましたが、近年の研究でピアツェッタの弟子であるアングリの作品だと判明し

ジュゼッペ・アングリ(1712-1798)　《火の戦車で天にのぼるエリヤ》1740/55年頃
油彩、カンヴァス　174.6×264.8cm
ワシントン・ナショナル・ギャラリー(ワシントンD.C.)

ました。

アングリは20歳でピアツェッタの工房に弟子入りし、およそ20年という長い期間を経て41歳頃に画家として独立します。修復家としても活動しており、ティントレット（1518－1594）の天井画などを修復した記録が残されています。1774年には宗教画における偉大な功績を残したとして政府から勲章を受けましたが、社会的・宗教的動乱が起きた際に彼の作品は紛失し、ヴェネツィア没落とともにその名も忘れられてしまった不遇の作家でした。

名画で見る

《ヨナとクジラ》ピーテル・ラストマン

レンブラントの師が描いた看板

『ヨナ書』は紀元前8世紀頃の物語。当時のイスラエル人にとって強敵であったアッシリアは、首都ニネベの人口が60万人にも達するほど大国化していました。そんなニネベを救うよう神から命じられたヨナは、預言を拒否して船に乗ります。当然のごとく神の怒りに触れ嵐の大海に投げ出されてしまうのですが、なんと巨大な魚に飲み込まれます。魚の中で三日三晩過ごしたヨナは神の力をあらためて思い知り、ニネベの人々を救うのです。

この作品は、ヨナが神に許しを請い魚から吐き出された瞬間を描き出しています。陸として描かれているのはまだ安全とは言えない岩場。小さなサイズの画面は巨大な魚でほぼ埋められ、ヨナはドラマティックに裸体をよじらせています。魚の口からはいま吐き出した瞬間であることを示す黒い線が出ています。いまでは漫画やイラストなどでよく描かれる手法ですが、これにより場面にスピード感が与えられているのが分かるでし

ピーテル・ラストマン(1583-1633)　《ヨナとクジラ》1621年
油彩、板　36×52cm　クンストパラスト美術館(デュッセルドルフ)

よう。

作者は17世紀オランダにカラヴァッジョの影響などを持ち込んだ画家ラストマンです。レンブラントの師であり、レンブラント前派と呼ばれるグループの代表的存在でした。本作は、アムステルダムの商人のために描いたもの。詳しくは分かっていませんが、店舗用の看板だったのではないかと言われています。分かりやすくて迫力ある画面は、人目を引いて看板にぴったりだったのかもしれません。

イザヤ書
旧約聖書で最も多い預言

『イザヤ書』はイザヤの預言を集めた文書です。イザヤが預言者として任命された頃は、大国アッシリアが北イスラエル王国を滅ぼした時期に重なります。数年後、南のユダ王国も攻め込まれ街がことごとく破壊されました。

イザヤは多くの預言をしたことでも知られていますが、早くからこの北イスラエル王国の滅亡も預言し、南のユダ王国が同じ過ちを繰り返さないように王や貴族に訴え続けていました。40年近く預言者として活動しましたが、政治犯として逮捕され、のこぎりでひき殺されるという壮絶な最期を遂げました。

この書には、ダヴィデの父・エッサイも登場します。エッサイの子孫から救世主が出ることを預言しています。この救世主こそイエス・キリストです。いったんは、エルサレムまで破壊され、「ダヴィデの王朝が永遠に続く」という預言は消えてしまったかに見えましたが、ダヴィデの血を引くイエス・キリストの誕生で約束は果たされました。

ミケランジェロ・ブオナローティ(1475-1564)
《預言者イザヤ》1508-09年
フレスコ 365×380cm
システィーナ礼拝堂(ヴァチカン)

通常年老いた姿で描かれるイザヤだが、ここでは青年として表現された。背後の天使はイザヤの息子たちとの説もある。

名画で見る

生き生きと描かれたキリスト家系図

《エッサイの木》（ヘールトヘン・トット・シント・ヤンス）

エッサイとはダビデ王の父親です。イザヤによる予言は、のちにエッサイの血統からイエス・キリストが生まれることを示したものだと伝えられるようになりました。この木はキリストの家系図とも言えるもので、中世ではステンドグラスなどに描かれていました。今でもフランスのシャルトル大聖堂などで美しい姿のまま見ることができます。これは、人々が聖書を読まなくても一目でキリストの血統が分かるように制作されたと言われています。

いかにも家系図的に描かれる作品が多い中、本作は群像図とも見える自然な形で個々が魅力的に描かれています。一番下の真ん中に寝ているのがエッサイ、そのすぐ上にいるのは竪琴を持っていることからもダビデだと分かります。それぞれの枝は歴代のイスラエル王たちで埋め尽くされています。彼らの衣装は作者が生きていた15世紀当時のもの。頂点には光に照らされ一際明るく描かれたキリストを抱くマリアがいます。

この絵の作者ヘールトヘンは初期フランドルの画家。名前の「シント・ヤンス」はテンプル騎士団、ドイツ騎士団とともに中世ヨーロッパの三大騎士団だった聖ヨハネ騎士団からとられたものと推測されています。現存する作品は12枚しかありませんが、卓越した緻密なディテール描写から北部ネーデルラント芸術を発展させた人物と言われています。

ヘールトヘン・トット・シント・ヤンス
(1455/65-1485/95)
《エッサイの木》1500年頃
油彩、パネル　89.8×60.6cm
アムステルダム国立美術館(アムステルダム)

エレミヤ書　預言により地下に投獄

3大預言書の一つに数えられる『エレミヤ書』は、エルサレム陥落などの重要な史実や、預言者エレミヤの波瀾万丈の生涯や内面の苦悩などが記されています。エレミヤは、216ページに登場するエゼキエル同様、イスラエル王国が滅亡するという最も悲惨な時代に活躍した預言者でした。

アッシリア帝国は南北に分かれたイスラエルのうち、北イスラエル王国の首都サマリアを攻略して地中海沿岸を制圧します。ここで北イスラエル王国は滅亡します。

一方、南のユダ王国はアッシリア帝国に服属する形で存続していました。

しかし情勢の変化はめまぐるしく、紀元前597年頃、新バビロニアのネブカドネザル2世が台頭し、エルサレムを包囲します。3か月後エルサレムは陥落し、1万人近くのイスラエル人がバビロニアへ連れて行かれます。

これが、「第1次バビロン捕囚」です。

その後新バビロニアの属国になったユダ王国ですが、エジプトと結託して新バビロニアを陥れようとして失敗。再びユダ王国は新バビロニアに攻められ、またしても多くのイスラエル人がバビロンへと連行されました。

これが「第二次バビロン捕囚」です。

このとき新バビロニアのネブカドネザル2世はソロモンの神殿にも火をつけるなどエルサレムを徹底的に破壊します。これにより、400年ほど続いたイスラエル人の王国はついに壊滅したのです。

預言した内容が不信感を買い、投獄されるエレミヤ

イスラエル王国が消滅に向かうこの時期、エレミヤは、ユダ王国のエルサレムで、ある晩、神に呼ばれて預言者に任命されたのです。

しかしエレミアは、ネブカドネザル2世を「ユダ王国を懲らしめるために神が遣わした王だ」と預言し、エジプトと手を結ぶことを反対しました。この預言はイスラエルの人々を怒らせ、エレミヤは地下牢獄に囚われてしまいます。

名画で見る

聖書にのめりこんだレンブラントがモデルに選んだのは

《悲嘆にくれるエレミヤ》レンブラント・ファン・レイン

大きな書物に肘をつき瞑想に耽る老人。彼は、イザヤ、エゼキエルと並び旧約聖書における3大預言者とされるエレミヤです。左奥に見えるのは炎上するエルサレム。エルサレム崩壊を知りながらも、何もできない自分の無力さを悔いている様子がよく伝わってくる作品です。

作者レンブラントがこの作品を描いたのは、24歳のとき。当時のネーデルラント（現在のオランダ）はチューリップの球根や絵画が投機対象になるほどの好景気で、いわばアートのバブル時代。一方で国は南北のふたつに分かれ、政治と宗教の確執が起き混乱していました。人々の心も傷つき、レンブラントは聖書の世界にのめり込むようになったと言われています。彼の母親はとても敬虔なキリスト教信者であり、影響を受けたのかもしれません。母をモデルにした預言者を描いたこともありますが、本作は父親をモデルにして描いたものです。画面全体が薄暗い色で覆われていますが、エレミヤの手前にある金属の器には光が反射しています。カラヴァッジョ（P75、163）の生み出した明暗法の完成は、レンブラントが生涯を通じて挑戦していたことでした。若くしてすでにその片鱗が見えます。ここでも、光が画面の中心要素となって忘れがたい印象を与えていることは言うまでもありません。

レンブラント・ファン・レイン
(1606-1669)
《悲嘆にくれるエレミヤ》1630年
油彩、板　58×46cm
アムステルダム国立美術館（アムステルダム）

エゼキエル書
バビロン捕虜の心の拠りどころ

『イザヤ書』『エレミヤ書』と並ぶ3大預言書のひとつが、『エゼキエル書』です。

エゼキエルは、ちょうどエレミア（P212）と同時期に活躍した預言者です。「バビロン捕囚」でイスラエル人とともにバビロンに連行されたとき、神に召されて預言者になりました。神はエゼキエルにこう言いました。

「私はあなたをイスラエルの人々、私に逆らった反逆の民に遣わす。彼らはその先祖たちと同様私に背いてこの日に至っている。恥知らずで強情な人々のもとに私はあなたを遣わす」

預言者になったエゼキエルは、神が語った言葉を人々に告げはじめます。そして20年以上人々に神への信仰を説いていきました。

またエゼキエルは不思議な夢を見る、空中浮遊するなど、多くの預言者の中でも奇行が目立ち、イザヤやエレミヤと比べても神がかり的なところがありました。

しかし、「第2次バビロン捕囚」で破壊されたソロモンの神殿が再び建設されることを預言し人々を励まします。エゼキエルは、人々の精神的な拠りどころになっていたのです。

エルサレム陥落の預言以降、信用される

エゼキエルはエルサレム陥落を預言して、ユダヤ教の父とも言うべき存在になりました。

神は、エルサレム陥落の悲報を知ったあとの人々の態度に落胆します。エルサレムが滅ぼされた真の理由は、「悔い改めるため」なのに、誰にもその意識がないのです。人々は神の前に座り、神の言葉を聞く。でも、実行にはいたらないのです。

「悔い改めて生きることを喜ぶ」

悔い改めて神の言葉にひとつひとつ従っていくところに、私たちの祝福がある。エゼキエルはこうした神の言葉を地道に広め、イスラエル人を精神的に支えていきました。

名画で見る

小さいサイズに迫力のある神の姿を描く

《エゼキエルの幻視》　ラファエロ・サンティ

迫力ある神の描写に大作を想像してしまいますが、この作品はとても小さな油彩画です。本作は、バビロン捕囚時代にエルサレム陥落を預言したエゼキエルの奇妙な幻視を描いたものです。それは「4つの顔と4つの翼を持った4つの生き物」の上に燃える炎のような神がいたという場面。美術においては、この4つの生き物は福音書記者（マタイ、マルコ、ルカ、ヨハネ）を象徴する翼を持つ4つの生き物（人間または天使、ライオン、牛、鷲）と同一視されています。ラファエロもまた聖書の記述よりもこの伝統に則って描いています。画面下部には、地上の風景が小さく描かれています。遠くで差し込む光が包んでいるのは、幻視を見ているエゼキエル。神に対してほかの要素を小さく描くことで、幻想の迫力を再現することに成功しています。

半裸の神の姿は髭を蓄えて、ミケランジェロがシスティーナ礼拝堂で描いた神（P41）と似ているようにも感じます。ルネサンス時代、神は「長い白髪と髭を持つ静かな父親像のような姿」として描かれていました。それはローマ神話の神々の王ユピテルの姿からきているのではないかという説もあります。

ラファエロは、レオナルド・ダ・ヴィンチ（1452-1519）ミケランジェロ（1475-1564）と並ぶルネサンス3大巨匠の1人。女性たちの憧れの的となるほど容姿端麗だっただけでなく持ち前の素直で社交的な性格で、レオナルドからは構図を、ミケランジェロからはダイナミックな肉体表現を学んだとされています。

ラファエロ・サンティ(1483-1520)
《エゼキエルの幻視》1518年頃
油彩、板　40×30cm
ピッティ宮殿パラティーナ絵画館
(フィレンツェ)

バビロン王の寵臣　ダニエルの活躍

紀元前6世紀にダニエルが書いた預言書が『ダニエル書』です。

ダニエルは、バビロン捕囚時代のユダヤ人（イスラエル人）です。バビロン捕囚期のバビロニアでは、ユダヤ人の王族や貴族の中から出自にかかわらず優れた少年を集め教育する制度が設けられていました。そこで選ばれた4人のうちの1人が、ユダ出身の若者ダニエルでした。

ダニエルは、バビロニアのネブカドネザル王が不思議な夢を見たとき、それを見事に解釈し、これを機に彼は王に気に入られて寵臣となりました。また、バビロニアはアケメネス朝ペルシアに滅ぼされますが、ダニエルはその優秀さからペルシア王のダレイオスにも重用されました。

結局、バビロニア、ペルシア両王の補佐官として約55年間も働き、その後、預言者として14年間働きました。ここがダニエルが他の預言者と大きく違うところです。

ダニエルは王に助言したり、夢解きをしたり、無実の女性に罪を着せようとした長老の偽証を裁判で暴いたりと、様々な場面で大活躍しました。
ライオンの巣窟に行って無傷で帰ってきた話はあまりにも有名なエピソードです。

夢や不思議な現象から未来を読み解いた

物語の中で、『ダニエル書』では、ダニエルの見た不思議な現象や幻が次から次へと出てきます。その中で終末論的な話が4回出てきます。ユダヤ教の中で最も早い終末思想と言われています。

このうち、最も概括的なのはダニエル書7章でダニエルに現れた幻です。ダニエル自身には解釈することができず、幻の中で大天使ガブリエルによって解釈され説明されるという形になっています。この世に登場する4つの世界帝国は4つの獣の姿を取って現れます。第1は鷲の翼が生えた獅子。第2は寝そべった熊。第3は頭と翼が4つある豹のようなもの。そして第4の獣はこれまでの獣の中でもっとも強く、11本目の小さな角を生やし、尊大な振る舞いをするのです。

このようにダニエルは不思議な現象や夢をたくさん記しています。

名画で見る

動物園で写生したリアルなライオン

《ライオンの洞窟の中のダニエル》ピーテル・パウル・ルーベンス

ライオンたちの棲む洞窟に投げ込まれたダニエル。しかし、無傷のまま一夜を生き延びて、いままさに洞窟の入り口を塞いでいた岩が取り除かれ、救われる瞬間です。ダニエルは両手を組み神に感謝の祈りを捧げています。

足のつま先は曲げられ、いまだ緊張感にあふれていることが分かります。すぐそばでは、1頭のライオンが大きな口をあけています。あくびをしているのか、はたまた吠えているのでしょうか。朝日に輝く鋭い牙と力強い舌が恐ろしさを引き立たせています。ほかにも眠っていたり、威嚇しているかのようなポーズをしていたり。どれもがリアルで迫力に満ちています。それもそのはず。ルーベンスはブリュッセルの王立動物園に飼われていたライオンを実際に見ながらライオンを描いたのです。

洞窟の上部がカンヴァスからはみ出るような構図は、バロック様式の特徴。見る者に洞窟の中にいるかのような感覚を起こさせる効果を与えています。左下には骸骨。この

ピーテル・パウル・ルーベンス(1577-1640)　《ライオンの洞窟の中のダニエル》
1614-16年頃　油彩、カンヴァス　224.2×330.5cm
ワシントン・ナショナル・ギャラリー(ワシントンD.C.)

洞窟で息絶えた人もいる事実が奇跡を認識させます。

ルーベンスは外交官としても活躍するほどマルチな才能を持つ人物でした。絵画の世界では最も成功していた画家と言ってもいいほど注文がひっきりなしにやってきます。そのため大規模な工房を運営し中には弟子たちだけで仕上げられた作品もあったとか。しかし、この作品はイギリス貴族宛ての手紙の中で、自分の手によって描いた完全なオリジナルであることを宣言しています。

Column 5

システィーナ礼拝堂の天井画

LED証明でさらに美しさを増す

最近LED照明が取り付けられ、美しい色彩で鑑賞できるようになったことで話題になったこの天井画は3層構造になっています。中央部には神と天使、そこから外側に向かって「創世記」に登場する様々な物語が、まるで仏教の「曼荼羅」のように描かれています。

ミケランジェロは、1508年から12年まで4年の歳月をかけて、たったひとりでこの巨大な天井をフレスコで装飾しました。その天井を大胆な建築構造によって分けた理由は、ふたつの目的があったと言います。ひとつは、天地創造、アダムとイヴの創造、楽園追放と原罪、ノアの物語を描くため。そして、無限なる人間の崇高さ、優美さ、力強さを表現するため。

礼拝にくる人々の邪魔にならないよう、地上から足場を組むのではなく、天井近くに板を渡らせ、その板で描ける部分が終わると、板をずらしてまた続きを描く。つまり、この作品は、ファックスのように上から横1列ずつ順番に描かれていったのです。当初、なんとかラファエロにこの仕

たった一人で4年の歳月をかけて仕上げた天井画。天井の高さはおよそ20メートル、作品の大きさは40メートルを超える。

ミケランジェロ・ブオナローティ (1475-1564)
《天地創造》1508-12年
フレスコ 4050×1400cm
システィーナ礼拝堂
(ヴァチカン)
©www.bridgemanart.com

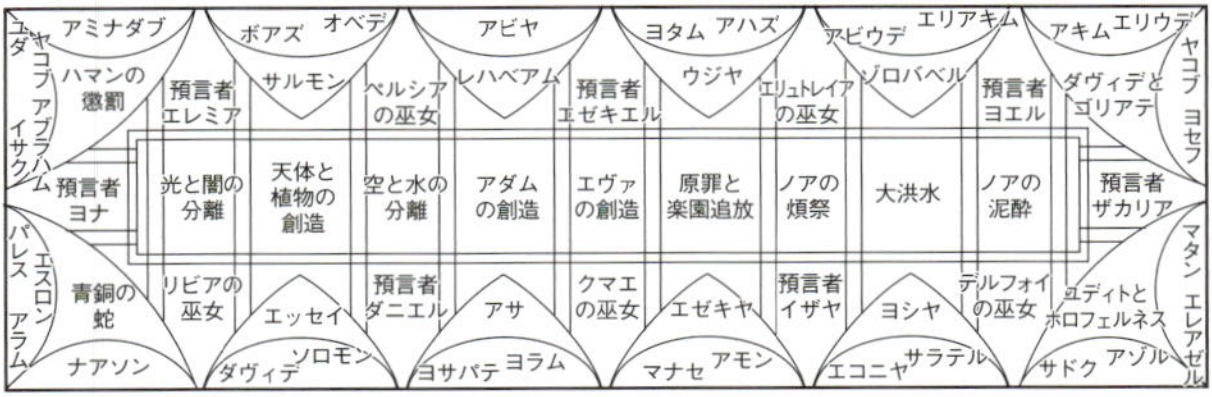

事を押し付けたかったミケランジェロは、この大変さが最初から予想できていたのかもしれません。高い足場の上で天井装飾を続けたために、その肉体的苦痛は相当なものでした。家族に向けた手紙でこんな愚痴をこぼしています。

「とても苦しいんだ。身体も疲労困憊している。友達もいない。欲しいものは何もないが、食事をする時間だってないんだよ」

しかし、この仕事のおかげで、レオナルド・ダ・ヴィンチ、ラファエロと並んで3巨匠といわれるほどの名声を得ることができたのです。

第6章
『エステル記』と「知恵の文学」

美女エステルの活躍と複数の話をまとめた知恵文学

ペルシア帝国に生きる1人の美女エステルが、不思議な運命をたどってペルシアの王妃になった話が『エステル記』。両親のいない薄幸なエステルは、王妃になったあと、知恵と勇気を持ってユダヤ人絶滅計画を未然に防ぎました。女性の名が旧約聖書の書名として用いられているのは、『ルツ記』と、この『エステル記』だけです。

もう一つ紹介するのが、古代イスラエル人の思想文化、神の知恵が凝縮された書「知恵文学」です。『箴言』『ヨブ記』『コヘレトの言葉』などが「知恵文学」を構成しています。ユダヤ人青年トビアスの冒険、少年ダニエルの活躍、男の生首を持つ名画が印象的な美女ユディットの話など、いずれも奇想天外でユニークなストーリーです。

個性派ぞろいの登場人物

ヨブ

神とサタンに「信仰心」を賭けられた

トビアス

失明した父のために天使と旅

エステル

大臣の悪巧みを命をかけて阻止

スザンナ

邪念のある長老にハメられた人妻

ユディット

女性を武器に町を守る

神の知恵を凝縮した「知恵文学」

旧約聖書には、「知恵文学」という独特のジャンルがあります。

古代イスラエル人の思想文化、神の知恵が凝縮された書と言えます。もう少し言うと、古代イスラエルの知恵は、古代エジプトと古代バビロニアの思想が根底にあると考えられています。内容、形式とも共通しているからです。

宗教上における「知恵」とは、「人生において信仰深い選択をする能力」とされています。イスラエルの知恵は宗教的要素が強く、知恵を得るためには神の啓示が必要で、知恵は神のみに属しているとされています。ですから、神の啓示で知恵を得た預言者は重要な存在とされていました。

旧約聖書では、『箴言《しんげん》』『ヨブ記』『コヘレトの言葉』『雅歌』『哀歌』や詩編の一部も知恵文学を構成しています。様式は、そのほとんどが詩の文体です。知恵を記憶するにはリズム感あふれる文体を用いた方がいいからです。

どんな状況でも神をひたむきに信じる

本書では、知恵文学の中でも特に人気のある青年トビアスの話、正義が勝つのを証明したスザンヌの話、篤い信仰心のあるユディットの話を載せています。これらの話は旧約聖書39巻には含まれていませんが、『旧約聖書続編』として、日本語で読むことができます。

知恵文学は、物語としてもかなり引き込まれるものが多いのが特徴です。ヨブの話を記した『ヨブ記』も含蓄があります。

同書は、古来より人間社会に存在していた神の裁きと苦しみに焦点をあてています。あるとき、「ヨブの本性を見抜くために賭けをしないか」と持ちかけられたサタンは、ヨブの家畜を略奪し、息子や娘を殺し、彼自身にも重い皮膚病にかからせるなどして苦痛を与えました。それでもヨブは信仰を捨てませんでした。次ページの《ヨブ》の絵は、骨と皮だけになり、いかにもつらそうですが、目は天をまっすぐに見据え信仰心を失っていないことが分かります。どんなに苦しくても神をひたむきに信じることが何よりも大事だと説いている話です。

また『ヨブ記』は、「何も悪いことをしていないのに苦しまねばならない」「そのときどう考えるべきか」というテーマを扱った文献としても知られています。

レオン・ボナ(1833-1922)
《ヨブ》1880年
油彩、カンヴァス　127×160cm
ボナ美術館(バイヨンヌ)

神とサタンの気まぐれにより不幸のどん底に落とされたヨブが描かれた傑作。作者は19世紀に著名人の公式肖像画で人気を博したボナ。

詩のリズムを味わおう

知恵文学は、詩の形式をとっていることが多いと前述しましたが、それがどういうものなのか『箴言』を例に少しだけ見てみましょう。

雨雲が垂れこめ風が吹くのに雨が降らない。
与えもしない贈り物について吹聴する人。（25章14節）
鳥が巣から飛び去るように
人もその置かれたところから移って行く。（27章8節）

この例では、自然の観察から人間関係につなげて思いを馳せています。自然現象と人間のあり方が実は密接に結びついていることが分かります。

このように全般的に詩の形式のものが多く、リズミカルな感じで進むのが多い。それが知恵文学です。

なおこの旧約聖書の知恵の教えは、新約聖書の「テモテへの手紙」「テトスへの手紙」「ヤコブの手紙」などに引き継がれていきます。

エステル記　勇気ある美女

『エステル記』は、ペルシア帝国に生きる1人の少女が、数奇な運命を辿ってペルシアの王妃になったという話です。聖書版のシンデレラと言われることもあります。

エステルは、バビロン捕囚のときに連行されたイスラエル人の子孫です。

ペルシア帝国のクセルクセス王は、新しい妻を得ようと〝美人コンテスト〟を開きます。エステルは何人かのうちの1人に選ばれますが、中でもひときわ目立ちました。容姿が抜きん出ていただけでなく、人から愛される心の美しさを兼ね備えていたのです。

ところでその頃、王様に継ぐナンバー・ツーの地位にいたハマンが、11か月後にユダヤ人（イスラエル人）を大量虐殺する計画を立てていました。

エステルは、そのことを従兄弟経由で聞き、首謀者がハマンであることも知りました。あるときエステルは王とハマンを酒宴に招き、思い切って王に「私と私の民族は取り引きされ、絶滅させられそうになっています。その恐ろしい敵とはハマンです」と暴き、ユダヤ人虐殺を阻止してほしいと願います。エステルの勇気はクセルクセス王の心を動かし、王はハマンを絞首刑にします。ミレイの描いたエステルは左の絵です。ユダヤ人を救った凜とした雰囲気が出ていますね。

この主題は裸体画で描かれることが多いが、ラファエル前派の作家ミレイは青と黄色の対比が美しい慎ましいエステルを描いた。

ジョン・エヴァレット・ミレイ(1829-1896)
《エステル》1863-65年　油彩、カンヴァス
106×77.4cm　個人蔵

名画で見る

とびきりエロティックな金髪碧眼のエステル

《エステルの化粧》テオドール・シャセリオー

ユダヤの民を救ったヒロインエステルですが、美術の世界では美貌を武器に王に取り入った小悪魔的存在としてしばしば扱われています。そのためエロティックな裸体を描く格好の主題として多くの画家により描かれました。その中でも、シャセリオーによるこの作品は、とびぬけて官能的なエステルとして知られています。

髪をかき上げて脇を惜しげもなく晒したポーズで、引き締まったウエストと筋肉によって持ち上げられた乳房が生々しいほどリアルに描かれています。シャセリオーはドミニク・アングル（1780－1867）のもとで古典主義を学び、のちに師が嫌っていたウジェーヌ・ドラクロワ（1798－1863）の影響でロマン派に転向しました。本作では双方の技法が混ざり、聖書の世界観にイスラム世界のオリエントなイメージを重ねた独特の作風に仕上がっています。

エステルは白い肌と青い瞳に金髪で描かれ、その右側には黒人の従者、左には褐色の肌をした召使がいます。これは、当時流行していたオリエントのハーレムのイメージそのもの。金髪碧眼の裸婦と有色の奴隷を配置した作品は、ドラクロワやオーギュスト・ルノワール（1841-1919）も描いています。女性に対する男性の優位、異人種に対する白人の優位というのはオリエンタリズムを象徴する絵画の特徴で、西欧の男性鑑賞者に対してアピールするものだったのでしょう。

テオドール・シャセリオー
(1819-1856)
《エステルの化粧》1841年
油彩、カンヴァス
45.5×35.5cm
ルーヴル美術館(パリ)

トビト書　天使と犬とトビアスの冒険

アッシリアによって北イスラエルの国が滅ぼされたとき、イスラエルの人たちは捕虜としてニネベに行きました。そのうちの1人トビトは、国王の命令に反して殺された仲間を墓に葬ったら財産のすべてを没収されてしまいました。

晩年になったトビトは、あるとき失明してしまいます。トビトの息子のトビアスは、失明に効く薬を探しに犬と旅に出ると、大天使ラファエルと出会い一緒に行動します。

旅の途中、トビアスはチグリス川で水浴びをしようとしたら巨大な魚に襲われそうになります。大天使ラファエルの指示で、魚を捕らえてその内臓をとり出し、心臓、肝臓、胆嚢を別にします。心臓と肝臓を燃やすと悪霊を祓う効果があり、胆嚢はトビトの目を癒す効果があると言われたからです。やがてラファエルの言葉通り、心臓と肝臓はトビアスの嫁となる女性から悪魔を祓うことに役立ち、そして花嫁を連れて帰郷してからは、胆嚢によってトビトの目が回復することになるのです。

これは、旧約聖書続編『トビト書』に収められています。ところで、ユダヤ人にとって犬＝不潔なものとされていますから、この話は犬を神聖なものと考えていたペルシアの伝承などがルーツかもしれないと推測できます。

トビアスと共に旅をした天使が正体を現して飛び立つ場面。それぞれ異なる反応を示す家族の表情が印象的だ。

レンブラント・ファン・レイン(1606-1669)
《トビアスの家を去る天使》1637年
油彩、板　66×52cm
ルーヴル美術館(パリ)

名画で見る

天使と旅人は旅のお守り

《トビアスと天使》ジョヴァンニ・ジローラモ・サヴォルド

トビアスの物語では、一緒に旅をした人物が天使であることは最後まで知らされないはずですが、ほとんどの絵画では天使だと分かるように翼を持つ姿で描かれています。16世紀当時、旅というのは危険なものでした。道中の安全祈願のためにこの題材の作品が多く注文されたのです。そのため、忠実なストーリーの視覚化よりも天使と旅する姿の方が重要でした。場面も天使と一緒に歩いているトビアスが一般的です。

本作は、一風変わった場面を描いています。天使が、魚の内臓は父トビトの目を癒す効果があるからと魚を捕らえるように指示する場面です。トビアスがあまりの言葉に驚いている様子が分かります。天使は美しい白い翼を持ち、柔らかそうな巻き毛に端正な顔立ち。岩の上に足をかけて座り、まるで彫像かのような崇高な様子を漂わせています。画面右には同行していたトビアスの飼い犬も描かれています。左端からちょこんと顔を出した魚はなんとも可愛らしく描かれていますが、物語の中では最初にトビアスを

ジョヴァンニ・ジローラモ・サヴォルド(c1480-1548)
《トビアスと天使》1522-25年
油彩、カンヴァス
96×124cm
ボルゲーゼ美術館(ローマ)

食べようとした獰猛な魚として描写されています。

作者のサヴォルドは16世紀前半にヴェネツィアで活動していた画家です。その生涯や画家としての功績については、ほとんど分かっていません。ジョルジョーネ(c1477-1510)やティツィアーノ(c1488-1576)ら同時代の画家たちの影響を受けたことが指摘されています。

スザンナの水浴

狡猾な老人に打ち勝った美人妻

ダニエルの少年時代のエピソードを記した旧約聖書続編『ダニエル書補遺』から。バビロンに住む裕福なユダヤ人ヨアキムの妻スザンナは、美人でした。彼女の日課は人々が去った午後に、自宅の広い庭を散策することでした。ある日、その姿を覗き見た2人の老人は、スザンナのあまりの美しさに惹かれ庭にひそむようになります。ある暑い日、スザンナは水浴びをするため裸になったら長老たちがスザンナに近づき、「言うことを聞いて身を任せなさい」と言うのです。スザンナは大声で助けを呼んで難を逃れますが、腹いせに姦通罪で訴えられ一時は死刑を宣告されてしまいます。

ここで現れるのが少年ダニエルです。長老の話に疑いを抱いたダニエル少年は、彼らの虚偽を暴きついにスザンナの疑いは晴れ、逆に長老たちが処刑されました。

スザンナの無実は、正義が勝ったことの証です。スザンナの貞節が讃えられています。輝くばかりに美しいスザンナの女性美は画家の格好の題材となりました。

オリエンタルな衣装に包まれながら美しい裸体を晒《さら》すスザンナ。対照的に長老たちはまるで亡霊のように醜く描かれている。

ギュスターヴ・モロー(1826-1898)《スザンナと長老たち》
1895年頃　油彩、カンヴァス　81×64.8cm
ポール・ヴァレリー美術館(モンペリエ)

現代的に解釈されたスザンナ。取引のために密会しているような狡猾な目をしたスザンナと老人たちの禿げ上がった頭が印象的。

フェリックス・ヴァロットン(1865-1925)
《貞節なシュザンヌ》1922年
油彩、カンヴァス　54×73cm
ローザンヌ州立美術館(ローザンヌ、スイス)

名画で見る

《スザンナと長老たち》アルテミジア・ジェンティレスキ

17歳の少女が描く中年女性のリアル

スザンナは、品位と自尊心を失うことのない高潔な女性のシンボルです。しかし、羞恥心の強い若い女性が瑞々しい肉体を隠すことなく悪趣味な覗きに気づくことなく水浴を楽しむ姿は、画家たちの間で裸体を描く格好の題材となっていました。パトロンたちも宗教画という名のもとにポルノまがいの作品を飾っていたことでしょう。

ジェンティレスキはカラヴァッジェスキとして高名な画家を父親に持つ女性画家です。男性画家たちによる純真無垢な淑女とは一味異なるスザンナを描き出しました。長老たちがスザンヌを説き伏せようとしている場面、嫌悪感を露わにしつつも裸体を隠す仕草もなく、顔を背けるだけで逃げ出そうとはしていない堂々としたスザンナです。その肉体も10代女性の若々しいものではなく、乳房や腹部が重力に逆らえなくなってきた中年女性のもの。リアルな描写にモデルを使用していた可能性も指摘されています。これが弱冠17歳の少女による作品だと思うと、その才能に驚嘆せざるを得ないでしょう。

アルテミジア・ジェンティレスキ
(1593-1653)
《スザンナと長老たち》
1610年　170×121cm
ヴァイセンシュタイン城
ポンマースフェルデン
(バイエルン)

醜い顔で関係を迫る長老たちを蔑むような目でみるスザンナ。シャセリオーはモロー（p. 237）の師でもある。

テオドール・シャセリオー
(1819-1856)
《スザンナ》1856年
油彩、パネル　40×31cm
ルーヴル美術館(パリ)

ユディット　酔わせたスキに、剣で首を一刺し

ユディットと言えば「男の首に剣を突き刺して血まみれの生首を持っている女」というトラウマになりそうなあの絵を思い浮かべる人は多いと思います。それほど、ユディットを題材にした名画は生々しく、悪夢に出てきそうなほどインパクトのある絵が多いのです。

ユディットという女性の信仰を描いた話が『ユディット記』です。

物語の内容は単純です。アッシリアのネブカドネザル王が、自分の戦で非協力的だった諸地域の兵士を殺すため軍隊を向かわせます。ユダヤには王の側近ナンバーワンのホロフェルネスが派遣されます。美しい女性ユディットは街を守るため、敵のホロフェルネスの陣営に忍び込み、泥酔させてそのスキに彼の剣をとって首をはねるという話です。

結局アッシリア軍は負けて、ユディットは生首を皮袋に隠し持って街へ凱旋します。

美しいユディットは、亡き夫への貞節、財産の管理能力、篤い信仰心、知恵などを持ち合わせている理想の人間として紹介されています。
左の絵は、グスタフ・クリムトの中でも傑作と言われる《ユディットⅠ》です。英雄的なユディットではなく、妖艶で官能的な様子を表現しています。

エロスの巨匠ならではの妖艶なユディットは、作者のテーマでもあったファム・ファタル（運命の女、あるいは魔性の女）として描かれた。画面右下にはホロフェルネスの首が半分だけ見えている。

グスタフ・クリムト(1862-1918)
《ユディットⅠ》1901年　油彩、カンヴァス　82×42cm
ベルヴェデーレ宮殿オーストリア・ギャラリー(ウィーン)

名画で見る

サスペンスに満ちた殺人現場

《ホロフェルネスの首を持つユディット》 アルテミジア・ジェンティレスキ

映画のひとコマのようなサスペンスあふれるシーンです。赤い天幕のような布の下で、まるで顔が照らされてしまうのを防ぐように片手を蝋燭の火にかざしている女性がいます。もう一方の手には女性が持つには大きい剣が握られ、外を窺《うかが》う様子からは人目を恐れ事態を片づけて早く逃げたい状況であることが予想できます。画面にはもう1人身を屈めている女性がいます。布を持って隠そうとしているのか、あるいは拭こうとしているのか。よくよく見てみると、そこにあるのはなんと斬り落とされた男の頭部。ここでやっと私たちは理解できるのです。黄色い服の女性が持つ剣で今まさに殺人を行った直後であること、誰にも見つからずに逃げなければいけない緊迫した状況であること。まるで見てはいけない現場をうっかり覗いてしまったような緊張感を見ている私たちにも与える作品です。

作者は《スザンナと長老たち》（P243）を描いた女性画家ジェンティレスキ。スザンナから15年後の作品です。この期間に彼女自身も壮絶な体験をしました。父親が彼女のために雇った画家により性的暴行を受けたのです。激怒した父親は犯人を訴えますが、ジェンティレスキは証言のために出廷した裁判で、親指の骨が砕けるほど圧搾機で締め上げられるという拷問にかけられてしまいました。実体験が作品に影響しているのかは定かではありませんが、このような凄惨な場面を劇的な明暗法を駆使して描いた名作を多く残しています。

アルテミジア・ジェンティレスキ
(1593-1653)
《ホロフェルネスの首を持つユディット》1625年頃
油彩、カンヴァス　182.8×142.2cm
デトロイト美術館(ミシガン)

名画で見る

《ユディット》ルーカス・クラナッハ
猟奇的な彼女は大のお気に入り

ジェンティレスキ（P247）に比べると、なんとも猟奇的で異様に思える作品です。大きな剣には申し訳程度にうっすらと血が付いていますが、豪華なドレスとアクセサリーに身を包み穏やかな笑みを浮かべる表情からは、男の頭部をいま切り落としてきたところとは到底思えないでしょう。しかし、そんな冷静なユディットに対し、生首の切断面はとてもリアルに描かれ、口を開いて虚ろな目をしたホロフェルネスの顔にも生々しさが感じられます。それに添えられた手がどこか生首を愛おし気に感じているように思えるのは気のせいでしょうか。

作者のクラナッハは、聖書のテーマを扱っていても同時代の衣装を描くことで知られています。本作はユディットを題材に描かれた当時の女性の肖像画だという説があります。同じ頃に制作された《女性の肖像》（エルミタージュ美術館）は、衣装も顔もこの作品にそっくり。それにしてもクラナッハは女性による男性の斬首場面が大のお気に入りだったようで、ユディットも多数のヴァージョンを制作しています。また似たような構図の《洗礼者聖ヨハネの首を持つサロメ》も多くありますが、ヨハネの首がお皿の上に載せられています。まるで映画『羊たちの沈黙』のハンニバル・レクターを思わせる悪趣味極まりない作品ですが、見る者を惹きつける何かがあるのは事実。生首を持ちながら怪しげに微笑む少女はまるで人生におけるエロスとタナトスを追求した結果のようにも思えるのです。

ルーカス・クラナッハ
(1472-1553)
《ユディット》1530年頃
油彩、カンヴァス
86×55.7cm
ウィーン美術史美術館
(ウィーン)

旧約聖書年表

年代	区分	主な出来事
?	天地創造	・神が6日間で天地を創造 ・アダムとイヴ、楽園追放 ・カインとアベル、人類初の殺人事件
?	大洪水	・罪深き人類が粛清され、選ばれしノアと動物たちだけが箱舟で生き延びる
?	バベルの塔	・天にまで届こうとする塔の建設に神が怒り、人類は異なる言語を話すようになる
紀元前1900～1300年頃	族長の時代	・アブラハム、カナン到着 ・ソドムとゴモラ滅亡 ・ヤコブが神により「イスラエル」と命名される ・ヨセフ、エジプトの宰相となる
紀元前1250年頃	出エジプト	・モーセの指導のもとイスラエルの民がエジプトを脱出、以降40年間荒野を彷徨う
紀元前1200年頃	カナン征服	・ヨシュアのもと、イスラエルの民がカナンを征服
紀元前1100年頃	士師の時代	・ギデオン、サムソン、サムエルといった士師たちが活躍し人々を導く
紀元前1020～965年頃	統一王国時代	・サウル、初代イスラエル王に就任 ・ダヴィデ、2代目イスラエル王に就任。エルサレムを首都とする ・ソロモン、3代目イスラエル王に就任
紀元前926～538年頃	南北王朝時代	・ソロモンの死後、イスラエル王国が南北に分裂 ・アッシリアにより北のイスラエル王国滅亡 ・バビロニア王国によりエルサレム陥落、南のユダ国滅亡（バビロン捕囚）
紀元前538～332年頃	エルサレム帰還	・イスラエルの民、帰還 ・ユダ王国再建 ・ユダヤ教成立 ・ユダヤ地方、ローマにより制圧

本書に登場した作家と西洋美術史

30年頃	キリスト処刑
391年	ローマ帝国、キリスト教を国教に
250年頃〜600年代	古墳時代
710年	平城京遷都
794年	平安京遷都
800年	カール大帝、西ローマ皇帝に
1096〜1099年	第1回十字軍遠征
1397年	金閣寺建立
1492年	コロンブス、アメリカ大陸到着
1503〜1506年	《モナリザ》完成
1512年	システィーナ礼拝堂天井画完成
1517年	ルター、「95か条の論題」発表
1519年	レオナルド・ダ・ヴィンチ死去

ゴシック
12世紀後半〜15世紀初頭

ジョヴァンニ・デ・パオロ
(c1403-1482)p.33

ルネサンス
15世紀初頭〜16世紀中頃

マザッチョ
(1401-c1428)p.43
ジャン・フーケ
(c1415-c1478)p.125
ジョヴァンニ・ベリーニ
(c1430-1516)p.57
ルカ・シニョレッリ
(1445/50-1523)p.119
ミケランジェロ・ブオナローティ
(1475-1564)p.41,161,209
ラファエロ・サンティ
(1483-1520)p.219
ヤコポ・ティントレット
(1518-1594)p.41,121
パオロ・ヴェロネーゼ
(1528-1588)p.105

初期フランドル
15世紀

ヒエロニムス・ボス
(c1450-1516)
p.36,39

北方ルネサンス
16世紀

アルブレヒト・デューラー
(1471-1528)p.47
ルーカス・クラナッハ
(1472-1553)
p.171,249
ピーテル・ブリューゲル(父)
(1525/30-1569)p.63

マニエリスム
16世紀

ロッソ・フィオレンティーノ
(1494-1540)p.109
アーニョロ・ブロンズィーノ
(1503-1572)p.113

1543年	種子島に鉄砲伝来
1560年	桶狭間の戦い
1569年	織田信長、キリスト教布教を許可
1573年	室町幕府滅亡
1581年	オランダ、スペインから独立
1582年	キリシタン大名が少年使節団をローマに送る
1588年	スペイン無敵艦隊、イングランドに敗北
1600年	関ヶ原の戦い
1603年	徳川幕府開幕
1633年	ガリレオ・ガリレイ、地動説撤回
1639年	徳川幕府、鎖国開始
1648年	フランス美術アカデミー設立
1661年	ルイ14世、ヴェルサイユ宮殿造営開始
1687年	ニュートン、万有引力の法則発表
1715年	尾形光琳《紅白梅図》
1768年	ロンドン・ロイヤル・アカデミー設立

バロック
17世紀〜18世紀初頭

ヘンドリック・ホルツィウス(1558-1617)p.73
ミケランジェロ・メリージ・ダ・カラヴァッジョ(1571-1610)p.75,163
バルトロメオ・マンフレディ(1582-1622)p.49
ピーテル・ラストマン(1583-1633)p.207
ヘンドリック・テル・ブルッヘン(1588-1629)p.85
ドメニコ・フェッティ(c1589-1623)p.107
ヴァランタン・ド・ブローニュ(1591-1632)p.173
ヘラルト・ファン・ホントホルスト(1592-1656)p.139
アルテミジア・ジェンティレスキ(1593-1653)p.243,247
マティアス・ストーメル(c1600-c1652)p.69
フランチェスコ・フリーニ(1603-1646)p.73
グイード・カニャッチ(1601-1663)p.59
レンブラント・ファン・レイン(1606-1669)p.115,137,159,169,215,237
ホーファールト・フリンク(1615-1660)p.81
サルヴァトール・ローザ(1615-1673)p.165
バルトロメ・エステバン・ムリーリョ(1617-1682)p.93
ルカ・ジョルダーノ(1634-1705)p.133
ジュゼッペ・アングリ(1712-1798)p.203
ピーテル・パウル・ルーベンス(1577-1640)p.223

古典主義
17世紀

ニコラ・プッサン(1594-1665)p.111
クロード・ロラン(c1604-1682)p.179
セバスティアン・ブルドン(1616-1671)p.183

ロココ
18世紀

セバスティアーノ・リッチ(1659-1734)p.181
ジョヴァンニ・バッティスタ・ティエポロ(1696-1770)p.175
ジョシュア・レイノルズ(1723-1792)p.155
ジャン・オノレ・フラゴナール(1732-1806)p.195

ロマン主義
18世紀末〜19世紀前半

ウィリアム・ブレイク(1757-1827)p.51,83
フランチェスコ・アイエツ(1791-1882)p.135,141
テオドール・シャセリオー(1819-1856)p.235,243

1775年	アメリカ独立戦争勃発
1789年	フランス革命
1804年	ナポレオン即位
1831年	葛飾北斎《富嶽三十六景》
1833年	歌川広重《東海道五十三次》
1848年	ラファエル前派結成
1868年	明治維新
1874年	第一回印象派展
1904年	日露戦争勃発
1914年	第一次世界大戦勃発
1939年	第二次世界大戦勃発

新古典主義
18世紀末～
19世紀前半

エドワード・ポインター
(1836-1919)p.177

バルビゾン派
1820～1870年頃

ジャン＝フランソワ・ミレー
(1814-1875)p.143

ナビ派
19世紀末

フェリックス・ヴァロットン
(1865-1925)p.241
モーリス・ドニ
(1870-1943)p.87

ポスト印象派
1880～1900年代

ポール・ゴーギャン
(1848-1903)p.89

分離派／
アール・ヌーヴォー
19世紀末～20世紀初頭

グスタフ・クリムト
(1862-1918)p.44,245

象徴主義
19世紀後半

ウィリアム・ダイス
(1806-1864)p.85
フォード・マドックス・ブラウン(1821-1893)p.199
ギュスターヴ・モロー
(1826-1898)p.241
ジョン・エヴァレット・ミレイ(1829-1896)
p.55,233
フレデリック・レイトン
(1830-96)p.167

表現主義
19世紀後半～
20世紀初頭

レオン・ボナ
(1833-1922)p.230

キュビズム
1907～1917頃

パブロ・ピカソ
(1881-1973)p.171

シュルレアリスム
1920年代～
1930年代

マルク・シャガール
(1887-1985)p.117

間近で見る名画

ヒエロニムス・ボス《快楽の園》部分（p.36）

右パネルの地獄を描いた部分。右に見える大きな顔は作者自身を描いたという説もある。左に見えるのは鍵にぶらさげられた人体。密室を連想させる鍵は、男女の不貞を象徴するシンボルとしてしばしば描かれた。ここでも、姦淫の罪を暗示しているのかもしれない。

ミケランジェロ・ブオナローティ《アダムの創造》部分（p. 41）

神が左手で抱えているのは女性のように見える。これはイヴを描いたものではないかという説もある。

ミケランジェロ・ブオナローティ《アダムの創造》部分（p. 41）

スピルバーグも影響を受けた指先から生命を吹き込もうとする場面。

その指と指はまだ触れておらず、力なく垂れ下がるアダムの指はまだ土から作られただけの存在であることを示す。

望月麻美子　もちづき・まみこ
慶應義塾大学で美学美術史を学び、学芸員資格取得。美術出版社にて森美術館、東京都現代美術館、川村記念美術館などの展覧会カタログを主に手掛け、現在、フリーランスとしてギャラリーやアートフェアのカタログ編集、展覧会音声ガイドのナレーション原稿を数多く執筆。主な展覧会に「アンドレアス・グルスキー展」(国立新美術館ほか)、「北斎展」(上野の森美術館ほか)、「ゴー・ビトゥイーンズ展」(森美術館ほか)など。著書に『早わかり！西洋絵画のすべて　世界10大美術館』がある。

三浦たまみ　みうら・たまみ
1974年千葉県生まれ。18歳の頃から主に海外の美術館の企画展巡りをはじめる。編集者、ライターとし活動後は、人形作家のインタビューに数多く携わり、ルーブル美術館内で開催された「SNBA展」に記者として参加。その他、アート関連、ビジネス関連の単行本や雑誌の編集・執筆に数多く携わる。インタビューは1000人以上。アートを見たときに感じる「面白い」「楽しい」を1人でも多くの人に発信すべく活動中。著書に『早わかり！西洋絵画のすべて　世界10大美術館』がある。

ビジュアルだいわ文庫

名画《めいが》が描《えが》く罪深《つみぶか》き旧約聖書《きゅうやくせいしょ》

著　者　望月麻美子《もちづきまみこ》・三浦《みうら》たまみ

2015年3月15日第一刷発行

発行者　佐藤 靖
発行所　大和《だいわ》書房
東京都文京区関口1-33-4　〒112-0014
電話03-3203-4511
装幀者　ミルリーフ
本文デザイン DTP　朝日メディアインターナショナル
本文写真　アマナイメージズ
本文印刷　歩プロセス
カバー印刷　歩プロセス
製　本　ナショナル製本

ISBN978-4-479-30527-9
乱丁本・落丁本はお取り替えいたします。
http://www.daiwashobo.co.jp/